AF158688

ARIADNE VON SCHIRACH

ICH UND DU UND MÜLLERS KUH

Kleine Charakterkunde für alle, die sich selbst und andere besser verstehen wollen

KLETT-COTTA

Für Ingo Offermanns

Klett-Cotta
www.klett-cotta.de
© 2016 by J. G. Cotta'sche Buchhandlung
Nachfolger GmbH, gegr. 1659, Stuttgart
Alle Rechte vorbehalten
Printed in Germany
Umschlag: Herburg Weiland, München
Gesetzt in den Tropen Studios, Leipzig
Gedruckt und gebunden von CPI – Clausen & Bosse, Leck
ISBN 978-3-608-96124-9

Fünfte Auflage, 2022

Bibliografische Information der Deutschen Nationalbibliothek
Die Deutsche Nationalbibliothek verzeichnet diese Publikation
in der Deutschen Nationalbibliografie; detaillierte bibliografische
Daten sind im Internet über http://dnb.d-nb.de abrufbar.

*»Doch die Fiktionen der Anderen wandeln ihren Sinn,
sobald wir uns darüber bewusst werden,
dass jeder von uns in Fiktionen lebt.«*

MARC AUGÉ, FORMEN DES VERGESSENS

INHALT

EINLEITUNG 9

DIE CHARAKTERE IN KÜRZE – EIN ÜBERBLICK 36

DER NARZISSTISCHE CHARAKTER 39

DER SCHIZOIDE CHARAKTER 62

DER DEPRESSIVE CHARAKTER 82

DER ZWANGHAFTE CHARAKTER 105

DER PHOBISCHE CHARAKTER 125

DER HYSTERISCHE CHARAKTER 145

NACHWORT 168

LITERATUR 177

DANK 179

EINLEITUNG

»Wie kommt es, dass wir alle in Bezug auf unsere Persönlichkeit verschieden sind, obwohl ganz Griechenland unter einem Himmel liegt und alle Griechen gleich erzogen werden?«, fragt Theophrast, ein Schüler des Aristoteles, im 3. Jahrhundert vor Christus. Obwohl wir heute alle recht unterschiedlich erzogen werden, ist die Frage so aktuell wie eh und je. Warum ist dieser so und jene anders? Warum mag Helena Gesellschaft und ihr Bruder Torsten nicht? Warum ist Julia so gefräßig und woher kommt Alis Putzfimmel?

Ich glaube, diese Fragen kann man nicht letztgültig beantworten; kein Mensch ist durchsichtig, kein Mensch kann ausgemessen werden. Der Philosoph Sören Kierkegaard schreibt in seinem 1843 erschienenen Buch *Furcht und Zittern*: »Der Mensch ist inkommensurabel, es bleibt ein Geheimnis zurück.« Dem Respekt vor diesem Geheimnis, das jeder Mensch ist, steht jedoch die Möglichkeit des Verstehens gegenüber. Solche widersprüchlichen Wahrheiten müssen wir bei dieser Einführung in die Charakterkunde im Auge behalten. Denn nur so lässt sich erfassen, dass der Mensch nicht nur ein Sein hat, sondern auch ein Werden ist.

Ich und Du und Müllers Kuh ist ein konzentriertes Kompendium von sechs Persönlichkeitsstrukturen oder Charakteren: dem Narzissten, dem Schizoiden, dem Depressiven, dem Zwanghaften, dem Phobiker und dem Hysteriker. Es beruft sich auf Fritz Riemanns *Grundformen der Angst*, erschienen 1975, und Karl Königs *Kleine psychoanalytische Charakterkunde* von 1992, die Riemanns Typologie aufgreift, erweitert und aus anderen Perspektiven beleuchtet.

Ich und Du und Müllers Kuh entspringt jedoch nicht nur der imaginären Begegnung zweier Psychoanalytiker, sondern verdankt sich vor allem einer echten Begegnung zwischen mir und Ingo Offermanns, Professor für Gestaltung an der Hochschule für bildende Künste in Hamburg. Während ich seit vielen Jahren Riemann-Leserin und -Bewunderin bin, wird er schon lange von Karl König begleitet. Dabei schätzt er besonders dessen Ansatz, das Verhalten der verschiedenen Charaktere auch im Arbeitsleben oder in Institutionen zu beschreiben: wie jemand als Chef oder als Mitarbeiter ist, wie er reagiert und worin seine Stärken und Schwächen liegen. Diesen Blick wollte er seinen Studenten vermitteln, die als junge Gestalter zwar lernen, Kommunikation zu visualisieren und zu lenken, aber im Prozess der Gestaltungsarbeit immer auch mit sozialer Kommunikation zu tun haben.

Wir waren uns schnell einig – ich würde für seine Studenten ein Seminar halten. Für das Skript begann ich, Riemann und König zusammenzudenken und mit meinem eigenen Blick zu aktualisieren. Daraus entstand ein kurzes Kompensat, das die sechs Charaktertypen idealtypisch vorstellt und anhand ihres emotionalen, kommunikativen und beruflichen Verhaltens beschreibt. Der Fokus liegt auf dem Umgang – das betrifft sowohl den Umgang mit sich selbst als auch den Umgang mit anderen.

Das Ganze wird getragen von Empathie, Solidarität und Verständnis. Kein Charakter ist besser als der andere, und jede Persönlichkeitsstruktur bzw. jede individuelle Ausprägung hat etwas zur Mannigfaltigkeit der Welt beizutragen. Wir realen Menschen sind ohnehin meist Mischtypen.

Ein paar Monate später habe ich diese verdichtete Zusammenfassung den Hamburger Studenten vorgetragen. Kurz darauf begannen die gut dreißig Seiten, auf denen ich das Wichtigste zu den sechs Charaktertypen dargestellt hatte, die Runde zu machen. Leser fanden sie auch außerhalb der Uni nützlich, und immer wieder sagte jemand: »Daraus müsste man ein Buch machen.« Hier ist es, in vielen Einzelaspekten erweitert und um grundsätzliche Gedanken zur Charakterkunde ergänzt.

Was hat es also mit der Charakterkunde auf sich, und warum spricht Riemann von den Grundformen der Angst? Und was haben Angst und Charakter miteinander zu tun?

Angst ist das Grundsätzliche. Für Kierkegaard, der 1844 mit *Der Begriff Angst* die menschliche Irrationalität und Unabgeschlossenheit ins Licht des Denkens rückte, ist sie das Gewahrsein der eigenen Lebendigkeit, das immer auch das Bewusstsein der eigenen Endlichkeit miteinschließt. Deshalb ist Angst für den dänischen Philosophen eine Art Stimmung – der Begriff »Stimmung« stammt von dem Philosophen Martin Heidegger, der in *Sein und Zeit* von 1924 Kierkegaards Nachdenken über Angst aufgreift und aktualisiert. In der Angst liegt auch die Möglichkeit, sich seiner selbst bewusst zu werden und sich zugleich selbst zu wählen – als der, der man gewesen ist und als der, der man sein könnte.

Dadurch ist es möglich, das Leben als eigenes Leben zu begreifen. Der Einzelne wird für einen Moment in aller Klarheit mit dem Werden und Vergehen der Welt konfrontiert, mit der Unendlichkeit der Möglichkeiten und der Notwendigkeit, sich angesichts der eigenen Begrenztheit bewusst für sich und seine eigenen Möglichkeiten zu entscheiden – »Entschlossenheit« nennt Heidegger diese antwortende und verantwortliche Haltung dem eigenen Leben gegenüber.

Die existentielle Angst, von der beide Philosophen sprechen, ist eine chaotische Kraft, die den Einzelnen immer wieder zur eigenen Ordnung aufruft. Existentielle Angst ist wirklich beängstigend. Oft genug kann man diese Stimmung nicht einmal aushalten und läuft weg, bequemt sich, verdrängt. Der Mensch ist nicht dafür gemacht, an diesen tosenden Wassern zu weilen. Er kann sich dort zwar erfrischen, aber er wird sich kurz darauf wieder in seine Behausung zurückziehen. Diese Behausung könnte man Charakter nennen, verstanden als Weise, auf der Welt zu sein, sich dort einzurichten und sich zu seiner Existenz zu verhalten. Der Charakter ist also der grundlegende *Umgang* mit unserem Leben, mit unserer Lebendigkeit und unserer Vergänglichkeit, sprich mit der existenziellen Angst.

In der Antike, beispielsweise bei Aristoteles, bezog sich das Wort »Charakter« vor allem auf die moralische Haltung eines Menschen, heute jedoch verstehen wir darunter auch Verhaltensweisen und das Grundtemperament. In diesem Sinn kann man Charakter und Persönlichkeit synonym verwenden. Die Charakterstrukturen dieses Buches – der selbstbesessene Narzisst, der detachierte Schizoide, der abhängige Depressive, der verklemmte Zwanghafte, der schattenhafte Phobiker und der publikumshungrige Hysteriker – scheinen wie Panzerungen, die den Einzelnen zugleich schützen und deformieren.

Panzerungen? Man könnte die charaktertypischen Neigungen und Krümmungen durchaus als eingeschliffene Routinen und Gewohnheiten beschreiben, doch Menschen können sich auch verändern, reifen, Grenzen überwinden. Beides ist wahr. Vielleicht stellen wir uns den Charakter einfach als einen beweglichen Panzer vor, der ebenso gut festwachsen wie mitwachsen kann, stabil und flexibel zugleich. Doch warum sind die Charaktere so unterschiedlich?

HISTORISCHER ÜBERBLICK

Die Frage nach unserer Verschiedenheit ist so alt wie die Menschheit. Die alten Griechen glaubten daran, dass die Natur aus vier Elementen besteht: Luft, Erde, Feuer und Wasser. Hippokrates, der berühmteste Arzt der Antike, entwickelte darauf aufbauend im zweiten Jahrhundert vor Christus die erste wissenschaftliche Typologie der Persönlichkeit. Die »Säftelehre«, auch »Humoralpathologie« genannt – *humor* bzw. *umor* ist das lateinische Wort für Feuchtigkeit, Flüssigkeit, Saft –, brachte jedes Element mit einem Körpersaft und dem dazu passenden Temperament in Verbindung. Der sanguinische Typ ist enthusiastisch und optimistisch, sein Element ist die Luft und sein Wesen wird vom Blut bestimmt. Das Temperament des Melancholikers wird von der schwarzen Galle gefärbt, seine Stimmung ist traurig, sein Element die Erde. Das Element des Cholerikers ist Feuer, sein Jähzorn und seine Reizbarkeit korrespondieren mit gelber Galle. Schleim hingegen bestimmt den Phlegmatiker, er ist apathisch, langsam und sein Element ist das Wasser. Schon bei Hippokrates gibt es also Überlegungen zum Verhältnis von Umwelt und biologischer Determination – wie sollte man sonst Unterschiede zwischen Geschwistern erklären?

Nach dem heutigen Stand der Forschung stellen die Gene Entwicklungsmöglichkeiten zur Verfügung, die sich in Interaktion mit der Umwelt entfalten oder verkümmern. Ob ein Mensch als Produkt vielfältiger Wechselwirkungen von Anlage und Erfahrung seinen Charakter *erwirbt* oder ob er sein Charakter *ist*, kann nicht endgültig entschieden werden. Doch mit Riemann, der einem ganzheitlichen Menschenbild verpflichtet ist, glaube auch ich an die Fähigkeit des Menschen, sich zu entwickeln, zu reifen und »er selbst zu werden«, wie Kierkegaard die uns alle miteinander verbindende Aufgabe, das eigene Leben bewusst zu leben, nennt.

Neben der Lehre von den Körpersäften glaubte man viele Jahrhunderte lang auch an einen Zusammenhang zwischen Erscheinungsbild und Charakter. Die sogenannte »Physiognomik« suchte nach Analogien – wer aussah wie ein Fuchs, war schlau wie ein Fuchs usw. Einen Höhepunkt dieser Entwicklung bildet die sogenannte »Phrenologie«, die Schädelkunde, die von dem Arzt Franz Joseph Gall im 18. Jahrhundert entwickelt wurde. Sie vermisst einzelne Areale der Schädeldecke, um daraus Persönlichkeits- und Intelligenzunterschiede abzuleiten. Obwohl das reinster Humbug ist, hielt sich die Methode bis weit ins 19. Jahrhundert hinein.

Auch heute noch glauben wir an einen Zusammenhang zwischen Aussehen und Persönlichkeit. Wir beobachten Mimik, Gestik und Körperspannung. Wir lesen in den Augen, nehmen wahr, ob sie mitlächeln und beurteilen Garderobe, Haltung und Stimmlage des Anderen. All das fällt eher unter Körpersprache als unter Physiognomik, aber es zeigt, dass wir immer auch ohne Worte kommunizieren und ebenso wortlos versuchen, einander zu lesen, zu deuten und zu verstehen.

Weiter geht es mit einem Blick auf zwei große Charakterforscher des frühen 20. Jahrhunderts: Sigmund Freud und Carl Gustav Jung. Freud ist für uns besonders interessant, weil Karl König seine Charakterinterpretation stark an dessen frühkindliche Entwicklungsphasen anlehnt.

In dem Versuch, die Konflikte seiner Patienten zu verstehen und ihnen zu helfen, war Freud neben der Entdeckung des Unbewussten und der Rolle des Traums auch auf die frühkindliche Entwicklung und die damit verbundenen psychosexuellen Konflikte gestoßen – die meist unbewusst und somit im Verborgenen wirksam sind. Er unterscheidet die orale, anale und genitale Phase – eine »Fixierung« innerhalb einer Phase ist gleichbedeutend mit einer Entwicklungsstörung. Der orale Charakter, der von König mit der depressiven Charakterstruktur in Verbindung gebracht wird, hat Probleme, seine Gier zu zügeln und neigt gleichermaßen zur Passivität und übertriebenen Forderungen nach Aufmerksamkeit. Der anale Charakter ist autoritär und autoritätsgläubig zugleich – wir werden ihn als zwanghaften Charakter kennenlernen –, und der genitale Charakter neigt zu Übersensibilität, Gefallsucht und innerer Leere. Schon bei Freud wurde dieses Verhalten »Hysterie« genannt.

Jung, der erst ein Schüler Freuds gewesen war, dann aber dessen Fokussierung auf frühkindliche Sexualität ablehnte, postulierte in den 30er Jahren des letzten Jahrhunderts ein grundsätzlich anderes Ordnungssystem: die Einteilung in Introvertierte und Extrovertierte. Erstere haben eine subjektive, auf sich selbst gerichtete Energie, während Letztere ihre Energie nach außen, also auf andere Menschen und Dinge richten. Jung ging davon aus, dass bei jedem Menschen eine dieser beiden Haltungen vorherrscht. Diesen beiden Weisen, die Welt und sich selbst wahrzunehmen, stellt er vier Bewusstseins-Modalitäten gegenüber: Denken, Fühlen, Empfinden, Intuition, wobei auch hier von jedem Einzelnen ein Modus bevorzugt wird. Daraus ergeben sich acht Persönlichkeitstypen, die sich teilweise im Gleichklang mit unseren sechs Charakteren befinden und teilweise Ergänzungen darstellen.

Die amerikanischen Psychiater John M. Oldham und Lois B. Morris haben in ihrem 2010 erschienenen Buch *Ihr Persönlichkeitsportrait. Warum Sie genauso denken, lieben und sich verhalten, wie Sie es tun* sogar dreizehn verschiedene Persönlichkeitsstile ausgemacht, die sich in Übereinstimmung mit den standardmäßig im *Diagnostic and Statistic Manual of Mental Disorders* aufgeführten befinden, bekannt als *DSM-V-R*. Darunter fallen zum Beispiel ungesellige, gewissenhafte, dramatische, abenteuerliche und aggressive Stile, die sich in ihren Pathologien zu schizoiden, zwanghaften, histrionischen (das ist ein altes Wort für hysterisch), anti-sozialen und sadistischen Persönlichkeitsstörungen entwickeln. Auch in diesem Klassifikationssystem gibt es Überschneidungen und Abweichungen.

Abschließend seien noch die *Big Five*, das sogenannte *Fünf-Faktoren-Modell* oder *FFM* erwähnt. Dabei wird der Charakter des Einzelnen anhand der Ausprägung von fünf Persönlichkeitsfaktoren beurteilt: Neurotizismus, Extraversion, Offenheit für Erfahrungen, Gewissenhaftigkeit, Verträglichkeit. Die Big Five sind innerhalb der letzten zwanzig Jahre zum universellen Standardmodell der Persönlichkeitsforschung avanciert und werden für die meisten internationalen Studien herangezogen.

Und wie passt das alles zusammen? Schon bei diesem unvollständigen historischen Abriss wird klar, dass es so etwas wie die *definitive* Persönlichkeitsmatrix nicht geben kann. Und dass die Perspektive den Gegenstand verändert – je nach Ordnungssystem zeigen sich andere Facetten, werden andere Eigenschaften beleuchtet. Was dieses Buch leisten kann, ist allenfalls ein Einstieg in eine faszinierende Welt, die zum Reflektieren und Beobachten anregt, dazu, sich eigene Gedanken zu machen und dadurch sich selbst und andere besser zu verstehen. Dabei ist es fast egal, mit welchem charakterologischen Ordnungssystem man anfängt, denn der Weg zum Verständnis führt nach innen. Aber können wir einander überhaupt verstehen?

VON DER MÖGLICHKEIT DES VERSTEHENS

Auch das ist eine Frage, die man nur widersprüchlich beantworten kann. Nein, wir können einander nicht verstehen. Der Mensch *ist* inkommensurabel, es bleibt immer ein unübersetzbarer Rest. Das betrifft nicht nur den Anderen, der weder ganz durchschaut noch ganz erfasst werden kann, sondern auch das eigene Selbst. Sich anzunehmen bedeutet, etwas zu umarmen, das man nicht fassen kann, allen Persönlichkeitsstrukturen zum Trotz. Diese Unauslotbarkeit ist Teil unser aller Würde, sie gehört zu dem Respekt, den wir einander schulden und ermahnt uns, niemanden in Schubladen zu stecken, nur weil man bequemerweise vergessen hat, dass jeder Mensch nicht nur ein Sein, sondern auch ein Werden ist. Das gilt besonders für die psychologische Charakterkunde – es geht um Tendenzen, nicht um Definitionen. Wenn wir also einerseits wandelbar und geheimnisvoll sind, wie können wir uns anderseits dennoch verstehen?

Wir können uns verstehen, weil wir eben auch ein Sein sind, einen Charakter haben, eine Gestalt, Gewohnheiten und ganz bestimmte Weisen, die Welt zu sehen, zu bewerten und uns in ihr einzurichten. Der Mensch ist durchaus fähig, sich im Spiegel zu erkennen, und je offener und wahrhaftiger er ist, desto schärfer ist das Bild. Aber wie ist es möglich, einen Anderen zu sehen, der ganz anders ist, und wie ist es möglich, sein Anderssein anzunehmen?

Hier lohnt sich ein kurzer philosophischer Exkurs, der mit einer großen Frage beginnt: Was ist der Sinn des Lebens? Dazu schreibt der Philosoph Wilhelm Schmid in seinem Buch *Gelassenheit. Was wir gewinnen, wenn wir älter werden* über unser Dasein: »Der Sinn allen Seins könnte sein, alle Möglichkeiten des Seins durchzuspielen, ohne weiteren Zweck, bis in alle Ewigkeit, *ad infinitum*.« Das Leben an sich erscheint also einerseits sinnlos, unbestimmt, nicht auf ein bestimmtes Ziel hin ausgerichtet. Und doch liegt ein Sinn in der unendlichen Entfaltung aller Seinsmöglichkeiten: eine *Entfaltungslust* sozusagen. Dann könnte der Sinn des einzelnen menschlichen Lebens darin bestehen, eine dieser Seinsmöglichkeiten zu sein und damit einen individuellen Beitrag zur allgemeinen Entfaltung zu leisten.

Jeder einzelne Mensch legt durch den Vollzug seines eigenen Lebens Zeugnis darüber ab, was es heißen kann, ein Mensch zu sein. Jeder einzelne Mensch gibt mit seinem Dasein eine einmalige Antwort auf die Frage nach dem Sinn des Lebens. Deshalb ist auch jeder Einzelne einmalig, kostbar, unersetzlich. Und vor allem sinnvoll. Doch warum können wir einander verstehen?

Dazu schreibt Sören Kierkegaard in seinem Buch *Der Begriff Angst*: »Sympathie soll man empfinden, doch diese Sympathie ist erst dann echt, wenn man sich recht tief eingesteht, dass allen geschehen kann, was einem Menschen geschieht. (…) Erst wenn der

Mitleidende in seinem Mitleid sich zum Leidenden so verhält, dass er im strengsten Sinne begreift, dass hier von seiner eigenen Sache die Rede ist, bekommt das Mitleiden vielleicht einen Sinn.«

Wir können einander verstehen, weil wir uns alle in der gleichen Lage befinden, weil wir alle unterschiedliche Antworten auf die gleiche Frage sind und weil uns alle trotzdem mehr verbindet als trennt – unsere Bedürfnisse, unsere Sehnsüchte, unsere Angst und unser Hunger. Ich bin nicht du, aber ich könnte du sein, und ich kann mir vorstellen, oder besser noch nachfühlen, wie ich in deiner Lage handeln würde.

Wer kennt nicht die Befriedigung des Putzens? Wer hat noch nie sein Glück im Kühlschrank gesucht? Wer weiß nicht, wie es ist, wenn einem die Welt zu viel wird, und wer kennt nicht die Freude, sich nach einer Weile wieder in ihr wohlzufühlen? Der Weg zum Verständnis und zum Mitgefühl führt tatsächlich erst einmal nach innen: Nur dasjenige, was ich in mir selbst wahrnehmen, tolerieren, ertragen kann, kann ich auch am anderen sehen, ohne es verteufeln, kontrollieren oder ignorieren zu wollen. Der offene Blick in die eigene Dunkelheit, die Anerkennung des eigenen Leids, der eigenen Gier, der eigenen Eitelkeit, Dummheit und Bequemlichkeit, des eigenen Sicherheitsbedürfnisses, der eigenen Angst und des eigenen Begehrens sind die Schlüssel zum Verständnis des Anderen.

Wir sind uns also für immer fremd und wir können uns wirklich verstehen. Beides ist wahr, und wie allen

EINLEITUNG

anderen gegensätzlichen Impulsen müssen wir beidem Rechnung tragen, wenn wir unserer Aufgabe, ein Mensch zu sein, also bewusst und verantwortungsvoll zu leben und damit eine eigene Antwort auf das Leben zu geben, genügen wollen. Der Blick von außen, wie ihn alle Formen der Charakterkunde anbieten, dient deshalb vor allem dem Innen. Er hilft dabei, sich zu erfassen, sich weniger im Weg zu stehen und so immer mehr, um mit Kierkegaard zu sprechen, »zu werden, der man ist«. Sich und damit auch andere besser zu verstehen, ist deshalb immer auch eine Möglichkeit für Wachstum, Entfaltung und Selbstbegegnung.

Doch warum Riemann und König, wenn wir doch Jungs Matrix haben, Freuds Typologie oder die wissenschaftlich anerkannten Big Five? Ganz zu schweigen von interessanten Außenseitern wie Timothy Leary, der vor seinen Experimenten mit LSD Psychologieprofessor in Harvard gewesen ist und ein eigenes Persönlichkeitsraster entwickelt hat, oder dem ungarischen Psychoanalytiker Michael Balint mit seiner Kategorisierung des wagemutigen Philobaten und des zögerlichen Oknophilen? Ich finde die Differenzen und Gemeinsamkeiten aller Perspektiven belebend und sinnvoll. Innerhalb dieser Vielfalt halte ich Riemann jedoch für besonders brauchbar und erkenntnisreich. Hierbei trifft sich meine eigene Erfahrung mit vielen Reaktionen von Studenten und anderen Lesern. Deshalb sind diese Charakterskizzen vor allem eine Verneigung vor seinem Schreiben und seinem Denken.

FRITZ RIEMANN UND KARL KÖNIG

Fritz Riemann wurde 1902 in Chemnitz geboren und starb 1979 in München. Er war nicht nur praktizierender Psychologe und Psychoanalytiker, sondern auch leidenschaftlicher Astrologe – kurz vor seinem Tod 1976 veröffentlichte er sein astrologisches Hauptwerk *Lebenshilfe Astrologie. Gedanken und Erfahrungen*. Wie passt das zusammen? Was weiß ein Sternendeuter schon von der Seele? Ist ein Astrologe nicht ein bisschen unseriös?

Riemann scheint diesbezüglich über alle Zweifel erhaben. Aus seinen Büchern spricht eine tiefe Menschenliebe, eine große Menschenkenntnis und Lebensklugheit, getragen von einem Blick, der Verbindungen zwischen Mensch und Kosmos schafft und den Einzelnen im Gesamten verortet. Und obwohl Riemann die Verbindung aus Psychoanalyse und Astrologie zeitlebens fasziniert hat, war er an erster Stelle Seelenarzt, also jemand, der die Probleme der Menschen erfassen und ihnen helfen wollte, sich selbst, ihr Leben und ihre Beziehungen besser zu verstehen. Auch seine berufliche Laufbahn war ganz der analytischen Arbeit gewidmet. Riemann war Mitbegründer des Instituts für psychologische Forschung und Psychotherapie in München, das 1974 in Akademie für Psychoanalyse und Psychotherapie umbenannt wurde, und darüber hinaus Ehrenmitglied der Academy of Psychoanalysis in New York.

Grundformen der Angst wurde 1961 veröffentlicht und gehört seitdem zum analytischen Standardrepertoire. Das Buch hat sich über eine Million Mal verkauft und liegt gerade in der 41. Auflage vor. Was unterscheidet es von allen anderen Büchern, die uns erklären wollen, warum wir so sind, wie wir sind, und die Anderen ganz anders?

Einerseits wohl die Verbindung aus Analyse und Kosmophysik, verstanden als Lehre von den Kräften, denen unsere Erde und wir Menschen mit ihr ausgesetzt sind. Andererseits aber auch Riemanns ganzheitliches Denken, seine Einsicht in die unauflösbaren Spannungsverhältnisse, denen wir Menschen unterliegen und innerhalb derer wir uns immer wieder neu verorten müssen.

Riemann richtet seinen Blick deshalb auf zwei kosmische Antinomien, also zwei gegensätzliche Kräfte innerhalb unseres Sonnensystems, die sich in vier Impulsen und vier korrespondierenden »Grundformen der Angst« manifestieren. Zunächst gibt es eine grundsätzliche Spannung zwischen Rotation und Revolution. Die Rotation beschreibt die Eigendrehung des Planeten, also das, was wir als Tag-und-Nacht-Rhythmus kennen. Sie entspricht der schizoiden Persönlichkeitsstruktur, die durch übergroße Selbstbewahrung und Angst vor Liebe, Hingabe und Abhängigkeit gekennzeichnet ist. Die Revolution hingegen beschreibt die Umlaufbahn der Erde um die Sonne; diese wird von den Umlaufbahnen anderer Planeten beeinflusst und steht für den Rhythmus des Erdenjahres. Sie beschreibt die depressive Persönlichkeitsstruktur, die nur durch andere und für andere lebt, und Angst hat vor Selbstbewusstsein und Individuation. Zwei weitere gegensätzliche Impulse sind Schwerkraft und Fliehkraft. Die Schwerkraft »hält die Welt gleichsam zusammen«, sie bewahrt und wirkt wie ein Sog aus der Mitte. Der zwanghafte Charakter verkörpert diese Kraft, ihn bestimmen der Wunsch nach einer festen Ordnung und die Angst vor Veränderung. Angst vor Dauer, Verbindlichkeit und vor allem Notwendigkeit hat im Gegensatz dazu der hysterische Charakter, der für den Impuls der Fliehkraft steht, die als Gegengewicht zur Schwerkraft für Bewegung, Ablösung und Wandel zuständig ist.

»Nur die Ausgewogenheit dieser vier Impulse garantiert die gesetzmäßige, lebendige Ordnung, in der wir leben und die wir Kosmos nennen. Das Überwiegen oder das Ausfallen einer solchen Bewegung würde die große Ordnung stören bzw. zerstören und in Chaos führen«, schreibt Riemann. Er führt aus, dass die Überwertigkeit der Eigendrehung die Erde in eine Sonne verwandeln, ein Verlust der Rotation andererseits die Erde zum Trabanten degradieren würde. Die Gleichzeitigkeit von Unabhängigkeit und Abhängigkeit, welche die Erde zum Planeten macht, spiegelt sich auch im Zusammenspiel zwischen Schwerkraft und Fliehkraft. Ohne Schwerkraft trieben wir ziellos durchs All, ohne Fliehkraft würde die Erde erstarren, unbeweglich und leblos werden.

Riemanns Verdienst besteht darin, diese kosmischen Grundkräfte auf den Einzelnen zu übertragen. Das hat wenig mit Astrologie zu tun, eher mit einem tiefen Gefühl für die Verbundenheit der Dinge, für Resonanz und Wechselwirkung. Hinzu kommt, dass die Astrologie landläufig als eine Art Wahrsagekunst betrachtet wird; als sei unser Schicksal vorherbestimmt und in den Sternen zu lesen. Doch nichts könnte Riemanns Ansatz ferner liegen. Denn er betont, dass es die Aufgabe jedes Einzelnen sei, immer wieder diese widersprüchlichen Impulse in sich zu ordnen, ein Gleichgewicht zu finden, nachzureifen. Seine *Grundformen der Angst* kann man als kosmologische Charakterkunde begreifen, aber letztlich sind es die praktische Erfahrung und das Einfühlungsvermögen des Autors, seine große psychologische Treffsicherheit und die dadurch ausgelöste seelische Resonanz, die sein Buch besonders empfehlenswert machen.

Riemann zu lesen ist wie in einen Spiegel zu schauen, der einem jedes Mal ein anderes Bild zeigt – wir Menschen verändern uns, wir wachsen, manchmal fallen wir auch zurück. Trotzdem ist es immer möglich, sich in seinen vier Charakteren zu erkennen und wiederzufinden. Man kommt mit sich selbst ins Gespräch. Man lernt etwas über sich und über Andere. Das liegt auch an Riemanns Ton, an seiner Perspektive und der damit vermittelten Gewissheit, dass wir alle wachsen und lernen können. Alle Menschen, die sich mit Riemann auseinandergesetzt haben, wurden von ihm bereichert.

Dabei drängen sich die charakterlichen Dispositionen nicht in den Vordergrund; sein Buch lädt nicht dazu ein, alle Anderen zu analysieren, zu bestimmen und zu durchschauen. Stattdessen geht es von Anfang an um Verständnis, das immer mit einem selbst und der eigenen Weise des Auf-der-Welt-Seins beginnt. Diesem Zusammenhang zwischen Selbsterkenntnis und Anerkennung des Mitmenschen ist auch dieses Buch verpflichtet. Um den anderen Menschen wirklich zu sehen und seine Lage begreifen zu können, muss man wissen, durch welche Brille man selbst blickt, von welchem Standpunkt aus und mit welchem Wertesystem.

Karl Königs *Kleine psychoanalytische Charakterkunde* ist eine Fortschreibung und Umschreibung von Riemanns *Grundformen der Angst*. König wurde 1931 geboren und ist Lehranalytiker und Supervisor am Psychoanalytischen Institut in Göttingen. Er war an der dortigen Universität Leiter der Abteilung für Klinische Gruppenpsychotherapie und viele Jahre lang Vorsitzender des Göttinger Psychoanalytischen Instituts. Während Riemann die ganze Bandbreite einer charakterlichen Disposition erfasst, liegt Königs Fokus auf der Pathologie. Seine Beschreibungen und Gewichtungen verdanken sich den Problemen der Menschen, die zu ihm in die Praxis gekommen sind. Dabei geht es weniger um Balance, Ganzheit und Entfaltung, als um Konfliktbeschreibung und Verhaltensanalyse.

König bringt nicht nur eine entwicklungspsychologische Perspektive ein, welche die Grundkonflikte der einzelnen Charaktere auf frühkindliche Störungen oder »Fixierungen« bezieht, sondern führt auch zwei neue Charakterformen ein: den Narzissten und den Phobiker. Beides sind Abspaltungen von Riemanns Grundformen – der Narzisst ist ein »gesteigerter« Schizoider und der Phobiker der »Schattenbruder« des Zwanghaften, also einer, der von Ängsten anstatt von Verboten gesteuert wird. Wie verträgt sich das mit Riemanns vier Grundkräften? Kommen wir nicht aus der Balance?

Obwohl ich als treue Riemann-Leserin Zweifel an der Notwendigkeit dieser Abspaltungen hatte, haben sie beim Schreiben durchaus ihre Eigenständigkeit bewiesen – die hungrige Leere des Narzissten und der Phobiker als freundliches kleines Gespenst. Man kann sie *verstehen*. Sehen, finden, spüren, vielleicht auch in sich. Königs Charakterkunde ist das Resultat einer über zwanzigjährigen beruflichen Tätigkeit, und sein Blick fügt Riemanns idealistischer Eleganz und lebenskluger Weisheit eine gewisse therapeutische Pragmatik, eine Erdung und Konturierung hinzu, welche die sechs Charaktere umso deutlicher hervortreten lässt.

Manchmal gibt es auch Verschiebungen, die ich mich bemühe, nachzuzeichnen – ich empfinde das Zusammenspiel dieser beiden Analytiker nicht immer als reibungslos, aber stets als fruchtbar. Auch Riemanns kosmologisches Modell halte ich weiterhin für eine gute Basis, ich stelle es mir so vor: Es bleiben die vier Grundkräfte, welche unsere Erde und uns selbst durchdringen – die Eigendrehung als schizoide Kraft, die Umlaufbahn als depressive, die Schwerkraft als Impuls der Zwanghaftigkeit und die Fliehkraft als hysterischer Impuls. Der Phobiker ist keine Grundkraft, sondern nur ein Echo, das alle anderen Impulse spiegeln kann. Der Narzisst hingegen ist schon nicht mehr Teil dieses Sonnensystems, sondern versucht, selbst Sonne zu werden und ein eigenes System zu gründen. Das ist nur meine Spekulation – wenn widersprüchliche Perspektiven und Modelle eine Aussage haben, dann die, dass es jedem offensteht, selbst eine Ordnung zu finden. Oder einen Zugang – wobei König sich uns nicht nur durch seinen expliziten Bezug auf Riemann, sondern ebenso durch seinen eigenen Blick empfiehlt.

»Als Charakter bezeichne ich die für ihn typischen Erlebensweisen und Verhaltensweisen eines Menschen«, schreibt er in der Einleitung und fährt fort: »Die Summe der Lust- und Unlusterfahrungen, die man mit seiner Umwelt macht, geht in den Charakter ein.« Schon hier zeigt sich der entwicklungspsychologische Fokus: Ein Charakter ist zunächst, was mir geschieht, denn diese Erfahrung bestimmt, wie ich wiederum auf alles reagiere. Achte ich auf mich oder eher auf andere? Habe ich Lust an neuen Situationen oder fürchte ich sie? Je nach frühkindlicher Welt- und Beziehungserfahrung gibt es andere Tendenzen – obwohl natürlich auch König das Zusammenspiel aus Anlage und Umwelt stets im Blick behält: »Der Mensch kommt nicht als unbeschriebenes Blatt auf die Welt.«

Was den einen ängstigt, lässt den anderen völlig kalt, auch wenn sie gleich erzogen werden und unter dem gleichen Himmel leben.

Unsere Anlagen mögen den Spielraum festlegen, innerhalb dessen wir Erfahrungen verarbeiten und gewichten, doch sind vor allem diese Erfahrungen selbst Gegenstand des psychoanalytischen Blicks. Laut König verdankt sich der Charakter verarbeiteten Beziehungserfahrungen – und zugleich beschreibt er sich durch Beziehungsmöglichkeiten, also Weisen der Selbst- und Weltbezugnahme. Diese Beziehungsmöglichkeiten und -unmöglichkeiten strukturieren Königs Buch. Zunächst geht es um die Entwicklungen der verschiedenen Charakterstrukturen und ihre Objektbeziehungen, das heißt ihre Beziehung zu anderen Menschen und zur Welt. König sieht alle Entwicklungsstufen als Konflikte, die gelöst werden müssen und bei denen, im Sinne Freuds, eine Störung, d.h. eine Fixierung stattfinden kann.

Narzissmus beginnt im Mutterleib, als Reaktion auf früheste Zurückweisung. Die schizoide Struktur reagiert auf eine wechselhafte frühkindliche Bindungserfahrung, die willkürlich zwischen mütterlicher Zuneigung und Abneigung gewechselt hat. Die orale Phase, besonders auch der elterliche Umgang mit Essen, ist die Quelle depressiver Welterfahrung. Die anale Phase und mit ihr eine durch Verbote oder Überängstlichkeit bestimmte Welterkundung und Sauberkeitserziehung bringen sowohl zwanghafte als auch phobische Charaktere hervor. Unklare eigene und elterliche Geschlechterrollen fördern in der genitalen Phase hysterische Persönlichkeitsanteile.

Wie Riemann betont auch König, dass die meisten Menschen Mischformen sind und dass es große Unterschiede zwischen einer Charakterstruktur – die wir alle haben – und ihrer pathologischen Form als Neurose oder Persönlichkeitsstörung gibt. Oft geht es um graduelle Abstufungen: Die Sorgfalt und Gründlichkeit der zwanghaften Struktur ist unerlässlich für ein gewisses Organisations- und Leistungsniveau. Doch nimmt die Zwanghaftigkeit überhand und man kann nicht mehr das Haus verlassen, ohne zwanzigmal zu überprüfen, ob die Wohnungstür auch wirklich abgeschlossen wurde, wird aus dem flexiblen Panzer ein Gefängnis.

Von der Entwicklung der Charaktere geht König zur Ausprägung über und illustriert die sechs verschiedenen Strukturen anhand ihrer Beziehungswünsche, ihres beobachtbaren Verhaltens und ihres Umgangs mit Utopien. All das hat Eingang in dieses Kompendium gefunden, vor allem aber Königs brillanter Einfall, die Charaktere in ihrem Arbeitsverhalten und in ihrem Verhalten in Institutionen zu beschreiben. Dieser Idee verdankt sich dieses Buch, denn sie führt vom Umgang mit sich zum Umgang mit anderen und einer von Einsicht, Verständnis und Humor geprägten Kommunikation. Und so ist *Ich und Du und Müllers Kuh* zugleich auch eine Verbeugung vor Karl Königs Arbeit.

VOM GUTEN UMGANG MIT SICH UND ANDEREN

Meine Arbeit bestand im Zusammenfassen, Zugänglich-Machen und Vergegenwärtigen von Riemanns und Königs Gedanken. Aber natürlich sind es mein Blick, meine Sprache, meine Erfahrungen und mein Gefühl für die Charaktere, die den vorliegenden Text bestimmen. Ich habe mich bemüht, Riemann und König so gut wie möglich zu aktualisieren, zu verdichten und aufeinander zu beziehen. Dabei sind alle Ungereimtheiten und Fehldeutungen allein mir anzulasten. Bevor es jetzt losgeht mit den Charakteren, die man als idealisierte Monographien lesen kann, ein paar Bemerkungen.

Noch im letzten Jahrhundert gab es die Tendenz, depressive oder hysterische Persönlichkeitsmerkmale als eher frauentypisch und schizoide oder zwanghafte Strukturen als eher männlich zu deuten. Davon hat sich unsere aufgeklärte Gesellschaft dankenswerterweise weitgehend verabschiedet. Denn sämtliche Charakterstrukturen sind in allen Menschen angelegt, und ein ausgewogenes Selbst hat Zugang zu allen emotionalen und kommunikativen Strategien, ob mitfühlend oder durchsetzungsstark. Aus Gründen der Lesbarkeit verwende ich im Folgenden entweder die männliche Form – also der Phobiker, der Hysteriker usw. – oder Pluralformen; es sind aber immer alle Menschen damit gemeint, ob Männer, Frauen oder Intersexuelle.

Während ich mich mit den Charakteren beschäftigt

habe, sind sie mir alle ans Herz gewachsen. Ich habe sie als Gestalten gesehen, als Figuren, fast wie Action-Helden; das narzisstische Raubtier, der schizoide Vulkanier, die tausend Masken des Hysterikers. Hinter jedem Charakter stecken Angst, Schmerz und Leid, aber zugleich hat jeder besondere Gaben und Fähigkeiten, die Welt und seine Mitmenschen zu bereichern.

Obwohl wir sind, wie wir sind, können wir uns entwickeln. Vielleicht sollen wir das sogar, denn wie Kierkegaard sagt, ist der Mensch einer, der erst er selbst werden muss. Auch hierfür bieten die Charaktere eine Art Landkarte. Denn Menschen sind nicht nur charakterliche Mischformen, sondern letztlich muss jeder alle vier kosmischen Impulse in sich balancieren und sich allen sechs von König so präzise gefassten Konflikten stellen. Je mittiger und ausgewogener wir sind, desto runder läuft das Leben und desto angemessener können wir reagieren. Diese Ausgewogenheit jedoch ist kein Zustand, den man irgendwann erreicht, sondern beschreibt einen lebenslangen Umgang mit widersprüchlichen Kräften. Wir Menschen müssen uns immer wieder neu erkennen, verorten, justieren. Entwicklung findet immer statt, und jede Lebensphase bietet neue Herausforderungen, ganz abgesehen davon, dass auch jedes Lebensalter bestimmte Kräfte fördert – was wäre eine Jugend ohne Hysterie, ein mittleres Leben ohne Eigendrehung und Zwanghaftigkeit und ein Alter ohne depressive Anteile?

Das Leben ändert sich, und wir versuchen, uns ebenfalls zu ändern. Doch mögen wir auch an uns arbeiten, gewisse Grundtendenzen bleiben bestehen. Der Eine ist neugierig, die Andere ängstlich, die Eine lebt im kreativen Chaos, der Andere wäre verloren ohne die tägliche To-do-Liste. Wir sind die, die wir werden, aber wir sind auch die, die wir sind. Das zu erkennen macht uns freier als der Versuch, uns ständig ändern zu wollen. Dieser Respekt für sich und die eigenen Grenzen spiegelt sich im Respekt für das So- und oft auch Anders-Sein der Mitmenschen. Deshalb lege ich besonderen Wert auf die positiven Seiten der jeweiligen Charakterstruktur. Jeder hat etwas zur Fülle der Welt beizutragen – ob intellektuellen Wagemut oder verantwortungsvolle Vorsicht, ob liebende Hingabe oder belastbare Verlässlichkeit. Wir brauchen und ergänzen einander.

Doch vor allem lernen wir voneinander. Die Ausgewogenheit, der wir uns in uns selbst höchstens annähern können, balanciert sich erst wirklich im sozialen Miteinander. Und nur wer es wagt, sein So-Sein und seine Defizite anzunehmen, kann vom Anders-Sein der Anderen profitieren. Deshalb geht es in der Charakterkunde nicht nur um das bewusste Selbstsein, sondern ebenso um das gelingende Mit-Sein. Darauf liegt auch der Fokus der Charaktere: Wie stellen sich die unterschiedlichen Persönlichkeitsstrukturen dar, wie sind sie entstanden, welcher Konflikt liegt ihnen zu Grunde? Was sind ihre Stärken, was ihre Schwächen, sind sie offen oder verschlossen, monologisch oder dialogisch, wie lieben sie, wie arbeiten sie und wie kommt man am besten mit ihnen aus? Und so ist dieses kleine Kompendium nicht nur eine Einladung, sich selbst zu erkennen und anzunehmen, sondern auch seine Mitmenschen richtig zu erfassen und mit ihnen, ob geschäftlich oder privat, angemessen, empathisch und klug umzugehen.

DIE CHARAKTERE IN KÜRZE – EIN ÜBERBLICK

»Wenn jeder alles vom anderen wüsste, es würde jeder gerne und leicht verzeihen. Es gäbe keinen Stolz mehr, keinen Hochmut.« Hafis

Hinter allen Charakterformen steckt LEID – diese Einsicht ist die Grundlage für Solidarität.

NARZISSTISCH: schon in allerfrühester Kindheit oder im Mutterleib abgelehnt worden; es gibt aber auch überverwöhnte und vernachlässigte Narzissten; der Narzisst hat sich eine Parallelwelt geschaffen, in welcher er die Gesetze bestimmt, manipulativ, berechnend, eiskalt, kann bis zum Psychopathischen gehen; auf das eigene Bild, den eigenen Status und das eigene Vorankommen bedacht; braucht ganz viel Bestätigung (Angst vor Bedeutungsverlust und ausbleibender Anerkennung – kann also, obwohl er der größte Egoist ist, neben dem Hysteriker am wenigsten ohne die anderen Menschen leben).

→ ~~du du du~~ ICH ~~du du du~~

WAS TUN: die eigene Schwäche annehmen und anderen zeigen, ohne dafür zurückgewiesen zu werden; Gefühle zulassen, Bindungen wagen, die eigene Welt durch Kommunikation zu einem Teil der geteilten machen und vor allem begreifen, dass man auch in seinem Leid nicht alleine ist.

SCHIZOID: auf sich selbst bezogen, originell, sucht »Gleichgesinnte« (bei König auch Schwierigkeiten, zwischen sich und der Welt eine Grenze zu ziehen); hat Angst vor Nähe zu anderen Menschen; ist schon ganz früh zurückgewiesen worden und hat seine »eigene Welt« abgespalten; keine oder sehr wechselhafte Bindungserfahrung.
→ Du = ICH (?)
WAS TUN: Vertrauen wagen, Nähe zulassen, Kontakt zu den eigenen Gefühlen aufbauen und sie auch äußern lernen (beispielsweise jemandem sagen, was er für einen bedeutet).

DEPRESSIV: auf Andere bezogen, konventionell, hat Angst, ein wollendes, handelndes, eigenen Impulsen folgendes Subjekt zu sein; Ergebnis von Überbehütung / Versagung, also Missachtung des Selbst des Kindes.
→ Ich = DU
WAS TUN: Individuation wagen, eigene Wünsche ernst nehmen, für sich einstehen, Liste mit »Mag ich, mag ich nicht«.

ZWANGHAFT: voller Notwendigkeit, regelhaft, auf die allgemeine Ordnung / Vergangenheit bezogen, machtbewusst; hat Angst, die Kontrolle zu verlieren, Angst vor Veränderungen und vor Vergänglichkeit; anal / autoritärer Charakter, eingeschüchtert und einschüchternd.

→ DU-Du-Ich-Du-Du

WAS TUN: Vertrauen entwickeln, loslassen, Unbekanntes, Fremdes und Anderes zulassen, die eigenen Meinungen und Werte hinterfragen.

PHOBISCH: ängstlich, zurückhaltend, auf einen anderen Menschen, eine Gruppe oder die eigene Arbeit bzw. eigene Projekte als »Steuerungsobjekt« und »Schutzschild« bezogen; konfliktscheu.
→ Ich + DU

WAS TUN: lernen, Scheitern zuzulassen, negative Erfahrungen machen und bewältigen, Zutrauen in die eigenen Fähigkeiten gewinnen, durch kleine Schritte in die Unabhängigkeit.

HYSTERISCH: voller Möglichkeiten, kreativ und unkonventionell, auf ein Publikum bezogen, größte Differenz zwischen Innenwelt und äußerer Wirkung; hat Angst vor Beschränkung, Festlegung, Endgültigkeit und vor der eigenen Beschränktheit und Unvollkommenheit.
→ Du → ICH ← Du

WAS TUN: Ursache und Wirkung anerkennen, Notwendigkeiten bejahen, sich selbst mit seiner Geschichte – die ist bei den wenigsten glanzvoll, sondern meistens auch irgendwie erbärmlich – und seinen Beschränkungen annehmen, mit sich befreundet sein.

DER NARZISSTISCHE CHARAKTER
»Der Staat bin ich!«

Bevor wir uns dem Narzissten zuwenden, müssen wir uns daran erinnern, dass der Weg durch die sechs Charaktere mit der seelischen Entwicklung von uns Menschen korrespondiert und jeder Einzelne bei jeder Charakterstruktur eine individuelle Markierung setzt. Auch das ist einer der Gründe, warum wir uns verstehen können – ist doch in jedem Menschen schon alles angelegt. Doch der Unterschied zwischen individueller Markierung und charakterlicher Prägung macht deutlich, dass jeder der sechs Charaktere einem gewissen Verhalten, gewissen Strategien bewusst oder unbewusst den Vorzug gibt. Am Anfang seines Lebens durchläuft jeder Mensch eine narzisstische Phase – Sigmund Freud nennt das den primären Narzissmus. Was können wir uns darunter vorstellen?

In der Antike entstand die Sage von Narkissos, einem schönen Jüngling. Männer und Frauen verlieben sich in ihn, doch er weist alle zurück. Ein untröstlicher Bewerber stürzt sich danach in sein Schwert und ruft dabei die Götter um Rache an. Daraufhin bestraft die Göttin Nemesis den arroganten Narkissos mit unheilbarer Selbstliebe. Auf einem Spaziergang erblickt sich der Schöne in einem Teich und verliebt sich in sein eigenes Spiegelbild. Er bleibt gebannt stehen, bis er vor Erschöpfung stirbt. Seine letzten Worte, wiederholt von der Nymphe Echo, sind: »Ach, du hoffnungslos geliebter Knabe, lebe wohl!« Anstatt des Leichnams findet man eine Narzisse.

Bemerkenswert ist, dass Narkissos nicht sich selbst liebt, sondern sein Abbild. Diese Differenz kennen wir alle, denn während ein Bild vollkommen, abgeschlossen und eindeutig erscheint, ist das eigene Selbst widersprüchlich, ambivalent und werdend. Vor allem aber ist das Selbst lebendig, aus sich heraus wirksam, während Bilder immer von einem Betrachter abhängen und dabei seltsam leblos sind. Sie halten einen Moment in der Zeit fest – aber sie fixieren den Einzelnen auch *in* der Zeit.

Der primäre Narzissmus bezeichnet zunächst die totale Ich-Fixierung des Säuglings. Freud weiterdenkend untersucht der Psychoanalytiker Jacques Lacan die Identifikation des Kleinkindes mit seinem Spiegelbild – welche bereits eine Täuschung in Form eines narzisstischen Größen-Selbst darstellt. Denn in seinem Spiegelbild erfährt der aus verschiedenen Impulsen, Zonen und Empfindungen zusammengesetzte kindliche Körper zum ersten Mal eine in der Realität seiner eigenen Erfahrung noch gar nicht einlösbare Vorstellung von Ganzheit. Durch diese vorausgreifende Aneignung schreibt sich das Ich mit seinem Abbild in die Ordnung des Imaginären, der Bilder ein. Das sogenannte »Spiegelstadium« ist notwendig für die Entwicklung eines vollständigen Selbstbildes. Alle Menschen besitzen bildhafte Selbstrepräsentationen und

Selbstphantasien. Aber im besten Fall nicht nur diese. Dass Narkissos verhungert, kommt nicht von ungefähr.

Gerade leben wir in einer zunehmend bildervermittelten Wirklichkeit. Dass die sozialen Netzwerke und der allgegenwärtige Performancedruck narzisstische Strukturen befördern, steht außer Frage. Doch damit wächst auch die Kluft zwischen Bild und Wirklichkeit, zwischen echtem Selbst und Selbstdarstellung. Denn die virtuellen Bilder scheinen zwar das Selbst zu schützen, letztlich sind sie aber kränkend, weil man ja weiß, dass es in Wahrheit Ausschmückungen oder gar Lügen sind. Zugleich zeigt sich darin auch das narzisstische Grundproblem: Ich verwandle mich, mein Leben, meinen Lebenslauf in ein Bild, um die Bewunderung und den Respekt der anderen zu bekommen. Doch eben dadurch bin ich abhängig von ihrer Aufmerksamkeit und ihrem Zuspruch. Narzisstische Strategien sind Kompensationen für einen Mangel an Selbstwertgefühl, die dieses Selbst zugleich immer weiter schwächen. Mehr als für alle anderen Charaktere gilt für den Narzissten einer der *Truisms* der Künstlerin Jenny Holzer: »Protect me from what I want«.

Jeder Mensch durchläuft den primären Narzissmus und das Spiegelstadium, aber nicht jeder Mensch bildet eine narzisstisch geprägte Persönlichkeit aus. Auch darin gibt es natürlich Abstufungen – vom selbstbewussten Taktiker zum eiskalten Karrieristen. Allen narzisstischen Prägungen gemein ist jedoch ein gespaltenes Selbst, das auf einem überwertig positiven »Ich bin der Beste«, und einem besonders negativen Selbstschema beruht, bestehend aus Überzeugungen wie: »Ich bin nichts wert«, »Ich bin nicht gut genug«, »Niemand liebt, braucht, schätzt mich«.

Die wahre narzisstische Grundstimmung ist trotz aller Größenphantasien pure Überlebensangst, getragen von dem Gefühl, niemals wirklich gemeint zu sein, niemals genug zu bekommen. Diese Angst, auf ewig zu kurz zu kommen, verursacht den unersättlichen Hunger und fördert zugleich den typisch narzisstischen Neid auf alle anderen, die dem Narzissten in seiner Verblendung stets satter, geliebter, erfolgreicher erscheinen. Daran muss man sich immer erinnern – nur wer innerlich wirklich arm dran ist, hat es nötig, sich zur eigenen Sonne aufzublasen.

Doch woher kommt die narzisstische Prägung? Bei König, der den Narzissten von Riemanns schizoidem Charakter differenziert, ist die narzisstische Form das Resultat frühkindlicher Ablehnung (z. B. durch bindungsunfähige Mütter) und einer lebensfeindlichen Atmosphäre (z. B. Krieg). Das betrifft oft schon das Klima vor der Geburt. Wie es sich wohl anfühlt, die Welt unwillkommen betreten zu müssen? Der Analytiker Otto F. Kernberg fügt an dieser Stelle hinzu, dass Narzissmus auch das Resultat übergroßer Verwöhnung sein kann – gleichen sich doch Vernachlässigung und Überverwöhnung darin, die wahren Bedürfnisse des Kindes konsequent zu ignorieren.

Narzissmus ist eine Überlebensstrategie. Um sich in

einer feindlichen, also vollkommen bedürfnis-inadäquaten Umgebung zu behaupten, hat der narzisstisch strukturierte Mensch seine eigene Welt von der geteilten Umwelt abgespalten. Der Realität seiner misslichen Lage setzt er ein wunscherfüllendes Selbstbild entgegen. Ohne dieses Bild wäre er tatsächlich nicht lebensfähig, und deshalb verteidigt er es auch mit Zähnen und Klauen. Auch das ist wortwörtlich zu verstehen: Kritik und Misserfolge triggern den Überlebensinstinkt des Narzissten, der alles, wirklich alles tut, um Kränkungen zu vermeiden.

Wenn sie angegriffen werden, sind narzisstische Charaktere brutal, unfair und sehr effektiv. Um das nicht eskalieren zu lassen, muss man sich klarmachen, dass es für Narzissten immer gleich ums Ganze geht. Denn jeder Zweifel an ihrem Selbstbild, das ihr Selbst nicht nur repräsentiert, sondern tatsächlich ersetzt, ist für narzisstische Menschen wie der Untergang einer ganzen Welt.

Mehr noch als dem Schizoiden mangelt es dem Narzissten an dem sogenannten »Urvertrauen«, also der durch frühkindliche Erfahrungen bestätigten Gewissheit, dass die Welt ein guter Ort ist und andere Menschen zuverlässig und liebevoll sind. Dieser Mangel an Geborgenheit führt nicht nur zu einem durch tiefes Misstrauen und brennenden Neid geprägten Verhältnis zu allen und allem »Anderen«, sondern meistens auch zu einer kompletten Abspaltung des emotionalen Lebens. Während der Schizoide noch ab und an emotionale Ausbrüche hat, ist der Narzisst dafür schon zu verwundet und auch zu detachiert. Er ist kein Bewohner der eisigen »Festung der Einsamkeit«, sondern selbst Eis geworden, so leblos wie das Bild, in das er sich zurückgezogen hat.

Im Spannungsverhältnis aus Selbstsein und Mitsein liegt deshalb nicht nur eine Überwertigkeit des Eigenen vor, sondern die Anderen werden auch ganz bewusst instrumentalisiert, um das eigene Selbstbild zu stützen – und der Hunger ist groß.

Hier gibt es Überschneidungen mit dem Typus des Psychopathen, der sich durch radikalen Egoismus, Gefühlskälte und manipulatives Verhalten auszeichnet – ein mitleidloser Lügner ohne Scham, Moral oder Verantwortungsgefühl. Derzeit häufen sich Medienberichte, dass unser kapitalistisch geprägtes Wirtschaftssystem gerade solche Menschen in Führungspositionen befördert – was der empathischen, altruistischen und mitfühlenden Seite unseres geteilten Menschseins nicht besonders gut bekommt. Auch haben Psychopathen und Narzissten mehr als andere Charakterformen den Ruf, unheilbar zu sein, und der professionelle Rat lautet stets, sie aus dem persönlichen Umfeld zu entfernen und sich von ihrer unersättlichen Gier und ihrer sozialen Brutalität fernzuhalten.

Ich sehe darin jedoch eher die Tendenz, Gruppen auszugrenzen und zu stigmatisieren und ihnen zugleich auf subtile Weise Schuld für etwas, das alle angeht, zuzuteilen. Das ist ein klassischer Fall von Verschiebung: Man denke beispielsweise an die bösen Banker, die während der letzten Finanzkrise als Schuldige herausgegriffen wurden, anstatt über das System als Ganzes nachzudenken. Der Schriftsteller Leonid Tolstoi hat einmal gesagt: Jeder Mensch befindet sich ständig in einem Wachstumsprozess, daher darf niemand je aufgegeben werden, und wer noch nie manipulativ, berechnend und eiskalt gewesen ist, der werfe den ersten Stein.

Gerade in der unvorstellbaren Einsamkeit des narzisstischen Menschen, die vielleicht tatsächlich auf eine gewisse Weise unheilbar ist und immer auf seltsame Hilfskonstruktionen angewiesen bleibt, zeigt sich auch das menschliche Recht auf Unglück. Deshalb ist es unsere Aufgabe, nicht nur diese Seinsweise als Teil der menschlichen Erfahrung zu verstehen, sondern sie zugleich als eine immer auch präsente Möglichkeit unseres eigenen Daseins zu begreifen.

In der Liebe suchen narzisstisch Geprägte schöne Spiegelbilder, die ihr eigenes Selbst schmücken und bereichern – und natürlich auch ins rechte Licht setzen. Da ihr Verhältnis zu Menschen meist funktionalisierend ist, haben sie an echten, gegenseitigen Beziehungen kein Interesse. Oft binden sie ihre »Opfer« an sich und nähren sich so lange an ihnen, bis diese nichts mehr zu geben haben. Dann werden sie fallengelassen und ohne viel Aufhebens ersetzt. Hier zeigt sich wieder die narzisstische Tragik, die zugleich die Tragik aller Charakterstrukturen illustriert. Alle Menschen brauchen Anerkennung, Wertschätzung und Verständnis. Doch die eigene Strategie, in diesem Fall das narzisstische Größenselbst, sabotiert diese tieferen Bedürfnisse. Wer Bewunderung einfordert, erhält meistens keine Geborgenheit, wer Aufmerksamkeit will, bekommt keine Hingabe, und wer sich selbst nicht liebt, kann weder lieben noch aufrichtig geliebt werden.

Da narzisstische Menschen oft attraktiv sind, viel »zu bieten haben«, finden sich immer wieder neue Partner, die bereit sind zu füttern, zu geben und zu bewundern. Da aber ihre tiefsten Bedürfnisse dabei notwendig ungesehen und unbefriedigt bleiben, sind echte und dauerhafte Bindungen schwer aufrechtzuerhalten. Denn ob es überhaupt möglich ist, einem echten Narzissten auf diese Weise nahezukommen, ist fraglich – wäre ihm doch das Unerträglichste, die eigene Schwäche und Bedürftigkeit anzunehmen und einzugestehen.

Der narzisstische Charakter will eben nicht geliebt, sondern bewundert werden. Wird er gut gefüttert, ist er auch großzügig – um dafür umso mehr bewundert zu werden. Aggressionen setzt er so gezielt ein wie Schmeicheleien, so wie er alles benutzt, was nötig ist, um zu bekommen, was er will. Hindert man ihn daran, hat seine Aggressivität ähnlich wie die des Schizoiden etwas Jähes, Brutales, Zerstörerisches – ist doch das (Größen-)Bild von sich alles, was der narzisstische Mensch wirklich besitzt.

Doch dieses Bild ist nicht so kräftig, wie es scheint. Typisch für diese Persönlichkeitsstruktur sind Hochstapler- und Versagerphantasien. Sie stellen Botschaften des abgelehnten und verdrängten inneren Selbst dar. Da zwischen Größenselbst und missachtetem Selbst kein Austausch besteht, changiert der narzisstische Charakter, oft allein und unbemerkt, zwischen diesen beiden Selbstwertschemata hin und her. Es gibt wenig Düstereres als einen traurigen Narzissten. Und kaum jemand ist hilfloser. Denn es gelingt ihm nicht, aus seinen oft beträchtlichen Erfolgen dauerhafte Befriedigung und Befriedung zu ziehen – er kann sich nicht selbst füttern, weil er dieses ursprüngliche Selbst gar nicht anerkennt. Und so sind die typisch narzisstischen Selbstzweifel Ausdruck des durchaus berechtigten Gefühls, dass hier ganz fundamental etwas nicht stimmt.

Auch die Kommunikation dieser Menschen ist hauptsächlich von zwei Perspektiven bestimmt: Es gibt das, was ihnen nützt und womit sie sich beschäftigen, und das, was ihnen nicht nützt und dem sie gelangweilt bis höhnisch gegenüberstehen. Sobald sie aber begreifen, dass ein Projekt oder eine Idee ihren eigenen Interessen dienlich sein könnte, setzen sie alle ihre beachtlichen Kräfte ein. Auch Lob und Anerkennung motivieren – und narzisstische Menschen haben beides nötiger als alle anderen Charaktere. Wenn ihr Gegenüber begreift, aus welcher Verlassenheit und Verzweiflung heraus der Narzisst sein Größenselbst entwickelt hat, fällt es ihm leichter, dem narzisstischen Wunsch nach Bewunderung nachzukommen. Füttern Sie Ihren Narzissten nicht aus Überheblichkeit, sondern aus Verständnis. Denn gerade diese unheilbar Gierigen verdienen unser besonderes Mitgefühl.

Und sie fordern zugleich unsere Wachsamkeit. Wenn der Phobiker ein Gespenst ist, das an den Rändern so blass ist, dass es mit seinem Hintergrund verschmilzt, ist der Narzisst ein Phantom mit vielen Zähnen, von einem unstillbaren Hunger besessen. Deshalb sind die Menschen in seiner Umgebung immer wieder aufgerufen, Grenzen zu ziehen. Füttern ja, fressen lassen nein.

POSITIVE CHARAKTEREIGENSCHAFTEN: effizient, großzügig, durchsetzungsstark, vital, überzeugend, ehrgeizig, engagiert, Führungsqualitäten, übernimmt gern Verantwortung, zielgerichtet, taktisch.

NEGATIVE CHARAKTEREIGENSCHAFTEN: manipulativ, berechnend, selbstbezogen, gefallsüchtig, Mangel an Einfühlungsvermögen, Größenwahn, rücksichtslos, brutal, »geht über Leichen«, verträgt keine Kritik.

GRUNDKONFLIKT NACH KÖNIG: Zwischen dem Wunsch, den Menschen wichtig, und dem Wunsch, unabhängig von ihnen zu sein.

ENTWICKLUNG NACH KÖNIG: **Der narzisstische Mensch wurde von der Mutter nicht wichtig genommen.** Als Reaktion auf diese umfassende Vernachlässigung entstand in frühester Kindheit eine Phantasie eigener Größe, sprich eine »Omnipotenzphantasie«. Da diese Phantasie selbstgemacht ist, ist sie brüchig, instabil und muss als Ego bzw. Bild, das man abgibt, immer wieder neu entworfen, gezeigt und von Anderen bestätigt werden – die sogenannte »narzisstische Zufuhr«.

OBJEKTBEZIEHUNG = BEZIEHUNG ZUM GEGENÜBER NACH KÖNIG: **Narzisstische Menschen werten alle anderen ab und sind zugleich in der unangenehmen Lage, existentiell auf sie angewiesen zu sein.** Denn Narzissten können meistens keine Bestätigung »speichern«, es muss immer wieder »nachgefüllt« werden. Dafür brauchen sie andere Menschen, die allein schon wegen der Kränkung, doch auf jemanden angewiesen zu sein, meist nicht um ihrer selbst willen anerkannt, sondern einfach nur funktionalisiert werden, um die eigene Größenvorstellung aufrechtzuerhalten.

Die narzisstische Struktur ist also durch eine Überwertigkeit des Selbst und eine Unterbewertung der Objekte charakterisiert. Selbst und Objekt unterscheiden sich deutlich. Das macht es dem Narzissten leicht, andere Menschen in ihren Eigenarten zu sehen und für seine Zwecke zu instrumentalisieren. Viele Narzissten sind deshalb sozial äußerst geschickt. Das liegt auch an ihrem Mangel an Substanz. Während Hysteriker geborene Schauspieler sind, deren innere Leere durch wechselnde Masken verdeckt wird, sind viele Narzissten kühle und berechnende Beobachter ihrer Mitmenschen, die ganz genau wissen, was sie sagen, tun und vermitteln müssen, um von ihrem Gegenüber zu bekommen, was sie wollen. Diese kalte Rationalität macht ausgerechnet den innerlich verwahrlosen Narzissten zur perfekten Verkörperung des *homo oeconomicus* der neoliberal orientierten Wirtschaftswissenschaften – Kalkül, Kosten-Nutzen-Rechnungen und unhinterfragter Eigennutz sind typisch narzisstische Strategien.

ENERGIESYSTEM: Die seelische Energie des Narzissten fließt fast ausschließlich in die Aufrechterhaltung seines Größenselbst. Auch sein Umgang mit Anderen ist darauf ausgerichtet, das eigene Bild aufrechtzuerhalten. Das ist einerseits erschöpfend und andererseits auch nie genug. Der Narzisst gleicht einem Menschen, der versucht, mit bescheidenen Mitteln ein glänzendes Schloss zu betreiben. Auch das ist ein Teufelskreis, weil die Ermüdung niemals zu Ruhe, sondern zu immer größeren Anstrengungen führt.

MONOLOG ODER DIALOG: Der narzisstisch geprägte Mensch hat eine ziemlich einseitige Beziehung zum Anderen und zur Welt. Als geborener Utilitarist fragt er sich stets, was der Andere für ihn tun, und niemals, was er für den Anderen tun kann. Außer es nützt ihm strategisch. Auch liebt er es, von seiner Größe, seinen Erfolgen und seinen Visionen zu sprechen – Entgegnungen auf Augenhöhe kann er dabei nicht gebrauchen. Ein zufriedener Narzisst hält Hof, und solange man sich seiner Rolle als Hofstaat bewusst ist und mitspielt, kann es im *Chateau Narcisse* durchaus launig, amüsant und großzügig zugehen.

OFFENHEIT ODER VERSCHLOSSENHEIT: Der Narzisst liebt es, betrachtet und bewundert werden, Gegenstand von Gesprächen, Spekulationen oder Sehnsüchten zu sein. Es ist, als wäre er nur durch die Augen der Anderen wirklich lebendig. Zugleich ist sein Inneres zutiefst verschlossen – manche sagen, unerreichbar. Auch Schwäche, Versagen und alles andere, was das sorgsam gepflegte Bild, das der Narzisst abgeben möchte, zu stören droht, werden verdrängt und verborgen. Der Narzisst *scheint* also offen, ist es aber nicht, weil er selbst keinen Zugang zu sich hat.

VERÄNDERUNG ODER ERHALTUNG: Ein narzisstischer Charakter liebt alles, was seinen Ruhm mehrt. Darin ist er so flexibel wie der Hysteriker in seinen Rollen. Ob es gerade bei restaurativen Projekten etwas zu holen gibt oder Innovation besonders gefragt ist – der Narzisst steht wie der Hysteriker im Rampenlicht und will nicht nur den größten Beifall, sondern auch das größte Stück vom Kuchen. Dabei hat er weder Haltung noch Moral noch Gewissen, stattdessen aber ein untrügliches Gespür, mit welcher Strategie und mit welcher Maske seinen Interessen am besten gedient wäre. Utopien steht er skeptisch gegenüber – solange sie nicht von ihm selbst erdacht sind oder wenigstens seinen Glanz zum Inhalt haben.

BEOBACHTBARES VERHALTEN NACH KÖNIG: Narzisstische Menschen achten darauf, ob man sie wahrnimmt oder nicht, ob man sie bewundert oder nicht – also generell auf die Effekte, die sie bei anderen hervorrufen. Wenn der Narzisst spricht, dann am liebsten von sich. Und wenn man nicht zuhört, ist er gekränkt oder wütend. Wenn er jedoch selbst zuhören muss, ohne dass er sich einen Nutzen davon verspricht, erzeugt er eine Stimmung angestrengter Langeweile oder subtiler Verachtung. Narzissten können besonders höhnisch, sarkastisch und ätzend sein – (Selbst-)Entwertung ist schließlich ihr Spezialgebiet.

VERHALTEN IN DER ARBEITSWELT NACH KÖNIG: Der narzisstische Charakter instrumentalisiert die Menschen, mit denen er zusammenarbeitet. Da alle »Objekte« (s. o.) funktionalisiert und entwertet werden, hat er für die Anderen wenig Anerkennung übrig. Seine eigene Motivation ist stark von dem wahrscheinlichen Erfolg einer Sache abhängig – oder von dem Nutzen, den er sich von seiner Beteiligung verspricht. Seine Position und Außenwirkung sind ihm verständlicherweise wichtiger als den meisten anderen Charakteren. Trotzdem gibt es auch narzisstisch geprägte Menschen, die gelernt haben, ihr eigenes Größenselbst so weit in die Zukunft auszudehnen, dass Kritik und Scheitern ihnen wenig anhaben kann – das passiert allerdings meist nur, nachdem sie »es geschafft haben«.

Obwohl Narzissten auf die Bewunderung anderer Menschen angewiesen sind, ist der eigentliche Maßstab immer noch der eigenen Standard, sprich die eigene Größenvorstellung. Haben sie das Gefühl, diesen Ansprüchen nicht genügt zu haben, kommt es oft zu aggressiven Ausbrüchen wie dem Zerstören von Arbeitsgeräten oder der begonnenen Arbeit selbst. Die Aggression kann sich aber auch gegen die eigene Person richten – das kann bis zum Suizid reichen.

Wegen ihrer hohen Erwartungen an sich und dem damit verbundenen unnötigen Druck sind viele Narzissten gar nicht besonders erfolgreich – wenn man von der sogenannten »Psychopathenschwemme« in den Führungsetagen einer ökonomisierten Gesellschaft absieht. Vor allem in Bereichen, wo es auf »Soft Skills« ankommt, versagen viele narzisstische Charaktere kläglich, während andere sich gewisse Routinen zurechtlegen, die gerade wegen der ihnen zu Grunde liegenden Gleichgültigkeit ziemlich gut funktionieren.

VERHALTEN IN INSTITUTIONEN NACH KÖNIG: Bei entsprechender Begabung – und einem entsprechenden gesellschaftlichem Konsens, z. B. der sozialen Akzeptanz von kalkulierendem und emotionslosem Verhalten – kommen Narzissten oft in Führungspositionen. Diese Stellung streben sie auch an, denn dem Narzissten ist nur wohl, wenn er der Erste ist. Das ist Teil seiner frühkindlichen Größenphantasie – ist doch die zunächst folgenlos scheinende Behauptung der eigenen Wichtigkeit und »Höherwertigkeit« das einzige, was er einer realen Erfahrung von frühkindlicher Vernachlässigung entgegensetzen konnte. Wartet nur, sagt der Narzisst, wartet nur, bis ihr es auch *seht*.

Ihrem beruflichen Fortkommen ordnen die Narzissten vieles unter. Auch die Kontakte zu Kollegen unterliegen strengem Kalkül. Hat der Narzisst doch nur eine Aufgabe – und das betrifft eigentlich alle Charaktere – innere Welt und äußere Welt in Einklang zu bringen. Ein König ohne Thron ist eben kein König, da kann man noch so viel herabschauen.

Wenn sie endlich im Chefsessel sitzen, wollen narzisstisch strukturierte Menschen vor allem bewundert werden. Mitarbeiter werden gefördert, solange sie zum eigenen Ansehen beitragen und die Position des Narzissten vertreten und stärken, und eiskalt fallengelassen, sobald sie keinen Nutzen mehr versprechen oder nicht mehr wie vorgesehen funktionieren. Das kann umso stärker irritieren, als sich viele Narzissten eine routinierte Freundlichkeit zugelegt haben, die man nur schwer als Berechnung durchschaut.

Auch alle »Anregungen« müssen vom Narzissten ausgehen – benötigt er die Arbeit anderer, neigt er dazu, deren Autorschaft zu vergessen. Das »Werk« ist für den Narzissten nichts Sachliches, von ihm Getrenntes, sondern eine Art »Ausstülpung« seiner selbst – Angriffe auf seine Arbeit oder das Infragestellen seiner Position erlebt er als direkte Angriffe auf ihn selbst. Ähnlich wie für die ebenfalls publikumsbedürftigen Hysteriker sind Alter und Pensionierung echte Schreckensvorstellungen für Narzissten, und sie sind bekannt dafür, noch lange nach ihrer offiziellen Entlassung herumzuspuken (»Damit alles meine Ordnung hat«).

Da der narzisstische Mensch keine Kollegen, sondern nur Epigonen, also »Nachfolger« duldet, bleiben ihm am Ende seines Lebens meist nur Menschen verbunden, denen es selbst an Eigenständigkeit mangelt. Das wiederum merkt der Narzisst, und dafür verachtet er sie. Letztlich treibt ihn seine Größenphantasie, die er als Ersatz für die fehlende Erfahrung echter Geborgenheit entwickelt hat, immer weiter in die Einsamkeit, der er doch eben dadurch entfliehen wollte. Das ist der narzisstische Teufelskreis.

UMGANG MIT RESSOURCEN: Narzisstische Menschen haben die größte Kluft zwischen Innenwelt und Außenwirkung. Dazu kommt, dass sie sich dessen oft gar nicht bewusst sind und sich nur manchmal wundern, wo all die schlechten Gefühle und Versagerphantasien herkommen – über die man natürlich niemals sprechen würde. Dieses verdrängte Selbst anzunehmen und die dahinterliegenden falschen Annahmen der eigenen Wertlosigkeit zu hinterfragen, wäre nicht nur das Ende der Einsamkeit – das betrifft auch alle anderen Charaktere –, sondern auch ein Ausweg aus dem größten Problem des Narzissten: seine Ressourcen. Obwohl er das größte Ego von allen hat, ist seine Konstruktion zugleich die instabilste, vor allem, weil er sich nicht selbst Bestätigung geben kann. Sich zu ändern, zu wachsen, zu reifen heißt oft, etwas loszulassen, eine Gewohnheit aufzugeben. Doch wenn es um die eigene charakterliche Prägung geht, heißt Ganzheit eher, etwas hinzuzufügen und so langsam den inneren Fokus zu verschieben. Ein Narzisst wird niemals aufhören, sich durch sein Bild, seine Größenphantasie zu definieren. Das ist der Respekt, den wir allen Charakteren und ihren vielfältigen Mischformen schulden – sie sind unsere Schutzpanzer, unsere Häuser, die wir gebaut haben, um überleben zu können. Wir können sie nicht abreißen, sondern nur anbauen.

Deshalb ist das große Thema des narzisstisch geprägten Menschen die Erschließung neuer Ressourcen. Gerade weil er sich ausschließlich als »Größter, Bester, Tollster« für liebenswert hält, also wenn er »bewunderungswürdig« ist, wären andere Weisen der

Interaktion und Bezugnahme – wie zum Beispiel die Erfahrungen des Gebens, die Spezialität des depressiven Charakters – eine echte Bereicherung. Der Versuch, andere Menschen als wertvoll wahrzunehmen, ihnen zuzuhören, ihnen beizustehen, ohne an sich zu denken, eröffnet eine Form der Zugehörigkeit, die den wackeligen Narzissten stabilisieren könnte.

Das gilt auch für sachliches Interesse, vor allem, wenn das narzisstische Ego lernt, sich einer konkreten Sache und ihren Regeln unterzuordnen. Dieser formale Respekt eröffnet einen Zugang zu den Tugenden des Schizoiden und des Zwanghaften, also Objektivität und Genauigkeit. Ebenso wie der flüchtige Hysteriker profitiert auch der latent größenwahnsinnige Narzisst enorm von fachlichen Kompetenzen – sie allein ermöglichen ihm, aus dem Teufelskreis von Hochstapelei und Versagerphantasien zu entkommen.

Doch kann ein Narzisst sich wirklich ändern? Viele Psychologen und Psychoanalytiker halten Narzissmus für »unheilbar«, was auch daran liegt, dass es die früheste Fixierung ist und man argumentieren könnte, dass die weiteren Konflikterfahrungen gar nicht mehr gemacht wurden, weil von Anfang an alle Energie in die Aufrechterhaltung der lebensrettenden Omnipotenzphantasie geflossen ist. Doch mit Riemann möchte ich darauf bestehen, dass alle Menschen allen Konflikten und Spannungsverhältnissen ausgesetzt sind und dass es ein Nachreifen, Balancieren und Bewusstwerden gibt. Niemand darf jemals aufgeben werden. Wir Menschen sind werdende Wesen, bis zum Tod.

ÜBERLEGUNGEN ZUM UMGANG: Mit einem Wort: Bewundern.

Die Liebe bringt ja bekanntlich das Beste im Menschen zum Vorschein, und dass man es verschenkt, anstatt es zu verrechnen, macht den Bereich des Zwischenmenschlichen zu einem idealen Jagdgrund für hungrige Narzissten. Da sie dabei mehr auf das »Was und wie viel bekomme ich?« als auf das »Wer gibt es mir?« zu achten scheinen, brauchen sie mehr als alle anderen Charaktere selbstbewusste und unabhängige Partner. Schüchterne Phobiker und anhängliche Depressive mögen sich von dem narzisstischen Größenselbst blenden lassen – auf Dauer geht diese Verbindung aber wahrscheinlich für beide nicht gut aus. Schizoide sind ebenfalls keine idealen Partner, da sie weder besonders gerne Komplimente machen, noch gewillt sind, sich einem anderen unterzuordnen. Doch *König Narkissos* hat lieber Personal als echte Gegenüber. Mit zwanghaften Menschen kann es zu dauerhaften Beziehungen kommen, vor allem, wenn es gemeinsame Interessen gibt und der narzisstische Partner sich von der zwanghaften Gewissenhaftigkeit stabilisieren und inspirieren lässt. Dem steifen Zwanghaften hingegen kann ein Schuss narzisstischer Vitalität sehr gut bekommen. Wenn es aber schiefgeht, geht es gründlich schief, und zwei brutale Tyrannen im Überlebensmodus versuchen, sich gegenseitig kaputtzumachen. Auch die Beziehung zwischen Narzissten und Hysterikern ist riskant – aber außerordentlich vielversprechend. Glanz und Ruhm, ein beneidenswertes und gut dokumentiertes Leben sowie die gegenseitige Bereitschaft, gemeinsam ein gutes Bild abzugeben, sind die beste Basis für sogenannte *Power-Couples*. Auch zwei Narzissten können miteinander lodern – oder sich aneinander verbrennen, je nachdem. Doch da der Narzisst nicht allzu schwer an den Wunden der Liebe trägt, ist er bald wieder auf den Beinen – und die nächste Beute nur ein paar Schmeicheleien entfernt.

Die unbedingte Hingabe an sich und das eigene Leben kann den Partner des Narzissten ebenso ermutigen wie inspirieren. Er muss nur wissen, worauf er sich einlässt. Und er muss akzeptieren, dass hinter der glänzenden Schale ein armes, schwaches Selbst steckt, das vielleicht erkannt, aber wahrscheinlich niemals getröstet werden kann. Den stets hungrigen Narzissten zu füttern ist deshalb ein echter Liebesdienst – und zugleich auch die einzige Weise, eine mehr oder weniger stabile Beziehung mit ihm zu führen.

Gleichzeitig muss man stets darauf achten, wie es um die eigenen Kräfte steht. Denn vor einem stark narzisstisch strukturierten Menschen müsste man sich tatsächlich in Acht nehmen. Die totale Abwesenheit emotional-moralischen Feedbacks, kombiniert mit einem großen Talent, andere für die eigenen Interessen einzuspannen, macht diese Charaktere zu den Raubtieren unter den Menschen. Besonders, weil es schwerfällt, an ihre absolute Rücksichtslosigkeit zu glauben.

Ich glaube auch nicht daran, ebenso wenig an die These der Unheilbarkeit. Was nicht heißt, dass man sich nicht trotzdem vorsieht und immer wieder emotional, finanziell oder arbeitsleistungsmäßig Bilanz zieht. Zum Ausnutzen gehören bekanntermaßen immer zwei. Dazu kommt, dass der Narzisst zwar gerne auf dem Thron sitzt, aber eine große Sehnsucht nach Kompetenz, Erfahrung und Stärke bei anderen hat. Auch das ist ein kleiner Teufelskreis – die einen können nichts, aber bewundern schön, und die, die was können, weigern sich, anständig zu füttern – denken wir an die Verachtung des alternden Narzissten seinen Mitarbeitern gegenüber. Für den Umgang heißt es, dem Narzissten sowohl seine lebensnotwendige Bestätigung zu geben, als auch auf den eigenen Kompetenzen und Fähigkeiten zu bestehen. Kritik muss stets das Gesicht des Narzissten wahren und möglichst sachlich vorgetragen werden – mit ausreichend Bedenkzeit, sodass der Narzisst sie integrieren kann. Wichtig ist auch, sich niemals auf Machtkämpfe einzulassen – der Narzisst ist sofort im Überlebensmodus. Besser ist es, sich »seitwärts« zu nähern.

Obwohl der Narzisst das Verhalten von Anderen oft gut lesen und noch besser beeinflussen kann, hat er Schwierigkeiten mit der emotionalen Seite des Daseins. Weil er selbst kaum Kontakt zu seinen Gefühlen hat, versteht er auch die Gefühle von anderen Menschen nicht. Deshalb ist es in engeren Beziehungen notwendig, immer wieder darüber zu sprechen, wie man sich fühlt, warum, und was das für das Verhalten des Anderen bedeuten könnte. Vor allem aber darf man sich nicht kränken lassen – der Narzisst ist unfreier als die meisten anderen Charaktere und gezwungen, immer wieder das gleiche Schauspiel aufzuführen.

Dieses Schauspiel (»Ich bin wichtig. Ich bin der Größte, Beste, Tollste usw.«) zu kennen, nichts Abweichendes zu erwarten, die eigenen Ressourcen und Grenzen zu schützen und dabei großmütig, verständnisvoll und selbstbewusst zu sein, erleichtert den Umgang mit diesem tragischsten aller Charaktere. Denn wir alle leben in Bildern und Phantasien. Doch nur der Narzisst muss *von* ihnen leben.

HÖRT AM LIEBSTEN: »Sie sind der Beste.«

DER SCHIZOIDE CHARAKTER
»Der Starke ist am mächtigsten alleine.«

Die verschiedenen Konflikte und Spannungsverhältnisse, welche den sechs Charakteren idealtypisch zu Grunde liegen, beschreiben zugleich einen allgemeinen Entwicklungsablauf – wie ein Mensch in die Welt kommt, auf welche Weise er empfangen und behandelt wird, wie er sich und seine Umwelt erfährt, welche Rolle er im Sozialen spielen will und spielen muss. Dem Narzissten ist oft schon vor der Geburt die Würde und Gültigkeit seiner eigenen Welt abgesprochen worden. Deshalb bekommt er wortwörtlich »keinen Fuß« auf den Boden – der ihm entwicklungspsychologisch folgende Schizoide schon. Aber nur einen. Denn während es dem Narzissten fast unmöglich ist, sein Größenselbst mit seinem negativen Selbstbild in Verbindung zu bringen oder mit seinen Gefühlen in Kontakt zu treten, sind schizoid strukturierte Menschen – *schizein* ist griechisch für »abspalten« – verbunden und getrennt zugleich. Sie haben keinen direkten, aber durchaus einen indirekten Zugang zu ihren Gefühlen, sie suchen Gleichgesinnte und wollen zugleich alleine bleiben, sie haben Teil an der allgemeinen Welt und ihren Regeln und stehen zugleich immer auch außerhalb dieser.

Nach König ist die Ausprägung einer schizoiden Persönlichkeitsstruktur Resultat einer wechselhaften frühkindlichen Bindungserfahrung – die Mutter war unberechenbar und schwankte zwischen Zuwendung und Vernachlässigung. Deshalb fehlt es den Schizoiden an Urvertrauen und sie haben gelernt, sich hauptsächlich auf sich selbst zu verlassen. Doch auch dieser Rückzug ist bei schizoiden Menschen niemals total – suchen und brauchen sie doch mehr als alle anderen Charaktere Menschen, die mit ihnen auf einer Wellenlänge liegen.

Immer, wenn man auf diese Charakterstruktur blickt, findet man Paradoxien, also einander ausschließende Wahrheiten. Damit markiert die schizoide Struktur zugleich das erste Verhältnis zwischen Mensch und Welt, Individualität und Sozialität und die dabei notwendig auftretenden Unvereinbarkeiten und Brüche. Diese Widersprüche gehen uns alle an, doch der Schizoide verkörpert sie in besonderem Maße. Dabei bleibt er jedoch typischerweise eher sich selbst und seinem Weltbild treu, als den Konventionen und Regeln der Welt zu folgen.

Riemann betont die selbstbewahrende Seite des Schizoiden. Für ihn repräsentiert diese Charakterform die kosmische Kraft der planetaren Eigendrehung und mit ihr die Eigengesetzlichkeit des Menschen. Das ebenso notwendige Mit-Sein, und damit unsere wechselseitige Verbundenheit, werden negiert. Der Schizoide hat Angst vor Nähe, Hingabe und Abhängigkeit. Ich-Abgrenzung, Autarkiestreben und immer wieder aufgebaute Distanz bestimmen sein Verhalten. Denn letztlich misstraut er der Welt und den anderen Menschen, und damit zugleich sich selbst. Irgendwas muss ja mit einem nicht stimmen, wenn man am Anfang des Lebens nicht aus vollen Herzen willkommen geheißen wurde.

Vielleicht auch wegen dieser niemals ausgesprochenen Scham hat der Schizoide schon früh damit begonnen, die eigenen Grenzen zu sichern. Auch hier finden sich zwei Motive: »Niemand kommt mehr an mich ran« und »Ich komm auch nicht mehr raus«.

Eingesperrt werden natürlich nicht der Mensch, sondern seine Gefühle und der verletzliche Teil des Selbst. Das ist eine weitere Spaltung: Etwas ist da, darf sich aber nicht äußern.

Doch auch hier zeigt sich der Riemann'sche Grundimpuls der Eigendrehung: Während der Narzisst von der Aufmerksamkeit anderer Menschen abhängig ist, macht der Schizoide die Dinge am liebsten mit sich aus: »Niemand außer mir darf meine Gefühle ignorieren!«

Ein schizoid strukturierter Mensch ist selbstgenügsam, obwohl er sich zugleich nach Verständnis sehnt. Doch auch wenn er Liebe, Zuwendung und Anerkennung bekommt, wohnt ein Teil von ihm für immer in der »Festung der Einsamkeit« – so heißt Supermans Rückzugsort in den Eislandschaften der Arktis. Dort ist es zwar kalt und einsam, aber zugleich auch kontrollierbar und sicher. Gerade weil der Schizoide seinen Gefühlen – und damit sich selbst – nicht traut, hat er gelernt, die Welt durch den Verstand zu erfassen. Hier entspringen sein intellektuelles und sprachliches Vermögen, sein Idealismus und zugleich sein Irrglaube, seine Weltanschauung wäre allgemein gültig.

Der Schizoide behütet das, was er sich errungen hat (Gewohnheiten, Interessen, Wissen usw.) mit aller Macht. Er hat aus seiner Sicht durchaus berechtigte Angst vor anderen Menschen – die Welt hat ihn wirklich nicht gerade freundlich empfangen. Kommt man ihm zu nahe oder bedroht ihn, reagiert er aggressiv – Schroffheit, plötzliche verletzende Schärfe, eisige Kälte, Unerreichbarkeit und sekundenschnelles Umschlagen von Zuwendung in feindselige Ablehnung sind die häufigsten Ausdrucksmöglichkeiten seiner Aggression.

Menschen mit schizoider Persönlichkeitsstruktur schalten zwar nicht ganz so schnell in den brutalen Überlebensmodus wie Narzissten, aber beiden gemein ist, dass sie das, was sie haben, mit allen Kräften verteidigen: der Narzisst sein Größenselbst, und der Schizoide sein Selbst und damit seine innere Welt, in die er sich vor der Willkür der äußeren Welt in Sicherheit gebracht hat. Dort wird dieses Selbst jedoch nicht nur verborgen, sondern zugleich auch kontrolliert. Vor allem die eigene Verletzlichkeit muss versteckt werden.

Die Kühle und Unberührbarkeit des schizoiden Charakters rühren von der Abspaltung und Verdrängung seiner Gefühle. Deshalb fehlt ihm der Kontakt zum Anderen – zu Menschen, die anders sind, zu anderen Weltsichten und zum Anderen in sich selbst – Emotion, Schwäche, Widersprüchlichkeit. Denn obwohl der Schizoide innerlich gespalten ist, ist sein Selbstbild ähnlich stimmig und bruchlos wie das des Narzissten. Was in seinem Fall vor allem bedeutet, sich *intellektuell* zu objektivieren.

Keine Zeit für Ambivalenzen, geschweige denn für Sentimentalitäten – der Schizoide ist Verstandesmensch. Doch wegen seiner verdrängten, aber nicht völlig abgetrennten Emotionen wird diese kühle, logische Seite immer wieder von emotionalen »Ausfällen« durchbrochen. Die Schizoiden sind die Vulkanier unter den Charaktertypen. Hierbei gibt es natürlich wie bei allen Charakteren Abstufungen – von selbstbestimmter Ich-Stärke über nüchterne Wachsamkeit hin zu misstrauischer Zurückgezogenheit.

In der Liebe ist dem Schizoiden der andere Mensch eher Objekt. Der oder die Geliebte wird in die eigene Vorstellungswelt eingefügt, oft ohne sie groß zu erschüttern. Und was nicht passt, wird passend gemacht. Trotz dieser vorgeblichen Gleichgültigkeit können Menschen mit schizoider Prägung krankhaft eifersüchtig sein. Denn wenn man den Anderen als Objekt sieht, fällt es leicht, ihn irgendwann als Besitz einzufordern. Wenn das romantische Gegenüber da nicht mitmacht, kann der Schizoide gemein und geradezu bösartig werden, getreu seinem Motto: »Wer nicht für mich ist, ist gegen mich.«

Denn obwohl der Schizoide als kühler Beobachter der Welt zu den fairsten Charakteren gehört, ist auch für ihn die Liebe Ort der größten Verletzlichkeit. Seine Gefühle sind nicht wie beim Narzissten mehr oder weniger endgültig entkoppelt, sondern eher eingefroren. Sich zu öffnen und dann zurückgewiesen zu werden, wiederholt die schmerzliche Bindungserfahrung aus der frühen Kindheit. Das führt zu weiterem Rückzug und zu misstrauischem und oft auch verschrobenem Verhalten, welches wiederum die anderen Menschen auf Distanz hält. Die »Flucht in die Einsamkeit« wird so zur selbsterfüllenden Prophezeiung. Und führt oft dazu, dass Schizoide die Beziehung abbrechen, bevor es wirklich ernst wird. Serielle Monogamie gehört zu den typisch schizoiden Beziehungsformen.

Deshalb muss man sich immer wieder die große Sensibilität und emotionale Bedürftigkeit dieses so selbständig und autonom wirkenden Charakters vor Augen führen. Doch es ist eben beides wahr: Die Einsamkeit soll behütet und zugleich durchbrochen werden. Der Schizoide braucht Anteilnahme und Abstand, Geborgenheit und Unabhängigkeit. Er wird die Festung der Einsamkeit niemals aufgeben, aber er kann lernen, sie für immer längere Zeiträume zu verlassen. Das sind langsame Prozesse, denn es dauert, das Vertrauen eines schizoiden Menschen zu gewinnen. Aber wenn er vertraut, ist er wirklich verbindlich und kann einem anderen gegenüber fast so treu und loyal sein wie sich selbst gegenüber. Aber nur fast.

Denn der Schizoide war sich selbst der erste Freund, und er ist auch sein letzter. Er macht gerne Dinge alleine, er schätzt die eigene Gesellschaft, und vor allem leidet er nicht an seiner Einsamkeit, sondern tut alles, um sie zu schützen. Deshalb muss auch der Andere in einer Beziehung darauf achten, seine eigenen Grenzen zu stärken. So inspirieren schizoide Charaktere ihre Mitmenschen fast unfreiwillig zu mehr Eigenständigkeit. Denn der Schizoide denkt wirklich vor allem an sich selbst. Das betrifft eher die eigene Welt, also die eigenen Meinungen und Überzeugungen, als die eigenen Bedürfnisse (das wäre eher narzisstisch).

Durch diese intellektuelle Selbstbezogenheit und die damit einhergehende Missachtung des Anderen kann er nicht nur sein Gegenüber, sondern die Wirklichkeit selbst aus den Augen verlieren. Seine widersprüchliche Persönlichkeitsstruktur ist ja bereits eine Reaktion auf die existentielle Unberechenbarkeit des Verhaltens der Anderen (also der Mutter oder der Eltern). König und Riemann sprechen deshalb von den typisch schizoiden Realitätszweifeln – das mangelnde (Ur-)Vertrauen schizoider Menschen und der fehlende Austausch mit Anderen erschweren den Abgleich zwischen Innenwelt und Außenwelt, die sogenannte »Realitätsprüfung«.

Weil er seine Wahrnehmungen und Meinungen nicht emotional abgleicht, geschweige mit jemandem teilt, kann der schizoide Mensch sich ihrer nicht wirklich sicher sein – das kann bis zum Verfolgungswahn gehen (»Hat die Chefin mich wirklich spöttisch angeschaut?«, »Meint mein Mann das wirklich ernst?«). Hier zeigt sich die wachsame, misstrauische Seite dieser Charaktere mit ihrer Neigung zu Realitätsverlust und Paranoia.

Zudem flüchten sich Schizoide oft in eine »Scheinrationalität«, die ihr eigenwilliges Weltbild unabhängig vom Austausch mit Anderen stärkt und stützt. Diese erfüllt eine ähnliche Funktion wie das Größenselbst des Narzissten – auch sie macht die Dinge erklärbar, kontrollierbar und beherrschbar. So ist diese falsche »Objektivität« Schutz und Filter zugleich – sie reguliert die unberechenbaren Emotionen und sorgt dafür, dass nur Informationen zugelassen werden, die das eigene Weltbild stützen.

Menschen mit schizoidem Charakter bevorzugen das Sachliche, den indirekten Kontakt zu ihrer Umwelt. Oft sind sie Wissenschaftler, Ingenieure oder Intellektuelle, denn abstraktes Denken liegt ihnen, ebenso der Kontakt zur Natur, zu Tieren, Pflanzen und Mineralien, denn dadurch lässt sich eine ungefährliche und vermittelte Verbundenheit mit der Welt herstellen. In der Kommunikation sind sie objektiv und kühl, ihr Blick auf die Welt zeugt von scharfer Beobachtungsgabe und dem Mut, die Dinge so zu sehen, wie sie sind. Denn – und das ist ein weiteres typisch schizoides Paradoxon – auch wenn sie an ihrem eigensinnigen Weltbild festhalten, sind sie doch gerade wegen ihrer emotionalen Distanziertheit und ihrer sozialen Gleichgültigkeit präzise Beobachter der Verhältnisse.

Zudem sind viele Schizoide Idealisten und sehen die Welt immer auch so, wie sie sein sollte. Diese widersprüchliche Mischung aus Originalität und Objektivität kann zu großen Erfindungen, künstlerischen Meisterwerken und politischen Veränderungen führen. Denn während die Hysteriker von einem neuen Anfang träumen, sind die eigenwilligen Schizoiden nicht selten die Agenten und Boten des wirklich Anderen, Neuen: Visionäre, Anarchisten, Revolutionäre. Und manchmal verbindet sich der scharfe Blick für die Verhältnisse mit einem Gefühl für soziale Gerechtigkeit, und die Ideale des Schizoiden werden zu einem echten Antrieb für eine bessere Welt.

POSITIVE CHARAKTEREIGENSCHAFTEN: durchsetzungsstark, originell, visionär, hochsensibel, sachlich, selbst denkend, scharfsinnig, autonom, selbstgenügsam, eigenständig, loyal, treu, unerschütterlich, kritikfähig.

NEGATIVE CHARAKTEREIGENSCHAFTEN: rücksichtslos, zynisch, selbstgerecht, gefühlskalt, selbstbezogen, bindungsängstlich, paranoid, kann nicht um Rat fragen, kaltblütig, verschroben, misstrauisch, ungesellig.

GRUNDKONFLIKT NACH KÖNIG: Zwischen dem Wunsch, Individualität aufzugeben, und dem Wunsch, Individualität zu erhalten.

ENTWICKLUNG NACH KÖNIG: Der schizoide Mensch wurde als kleines Kind wechselnden Beziehungsangeboten ausgesetzt. Die grundsätzliche Vernachlässigung wurde immer wieder von Momenten der Zuwendung unterbrochen. Da zwischen beiden Beziehungsmodi kein logischer Zusammenhang besteht, fängt der Schizoide an, die Verbindung von Ursache und Wirkung, und irgendwann auch die Realität selbst, anzuzweifeln. Zugleich zieht er sich immer mehr in sich zurück und verwandelt so ein allzu frühes Alleingelassen-Werden in selbstgewählte Einsamkeit.

OBJEKTBEZIEHUNG = BEZIEHUNG ZUM GEGENÜBER NACH KÖNIG: Die Beziehung zum Objekt ist zutiefst gespalten. Einerseits sehnt sich der schizoide Mensch nach der Geborgenheit des Mutterobjekts, andererseits fürchtet er dessen Zurückweisung. Auch in dieser Deutung zeigt sich das tiefe Misstrauen, von dem Riemann spricht. Wegen dieser ungewissen frühkindlichen Bindungserfahrung hat der Schizoide gelernt, den Dingen nicht wirklich nachzuspüren, weil er dann beispielsweise hätte entdecken müssen, dass die Liebesbekundungen der Eltern nicht mit ihrem Verhalten übereinstimmten. Weil er seine (Liebes-)Wünsche auf Andere projiziert, erlebt der schizoide Mensch sein Selbst und die Objekte nicht als wirklich getrennt. Auch das beeinträchtigt die sogenannte »Realitätsprüfung«, also den Abgleich zwischen Innenwelt und Wirklichkeit.

ENERGIESYSTEM: Menschen mit schizoider Prägung richten ihre Energie auf ihr Selbst. Anders als Menschen mit narzisstischer Prägung können sie sich selbst füttern und sie tun es auch. Alles, was ihnen in der Welt begegnet, wird auf dieses Selbst bezogen, also danach befragt, ob es dazu passt oder nicht. Diese Weltbeschneidung, die der Schizoide für rational hält, korrespondiert mit einem realen Talent fürs Sachliche, das problemlos in das ebenfalls »sachliche« Selbstbild integriert werden kann. Ob Politik, Wissenschaft oder Dichtkunst – hat der Schizoide einen Bereich des Wirklichen zum Teil seines Selbst gemacht, widmet er ihm seine ganze Energie und Aufmerksamkeit.

MONOLOG ODER DIALOG: Der schizoide Mensch hat nur die Sprache, um seine Welt mitzuteilen, denn das emotionale Mitschwingen ist ihm meistens verwehrt. Das verhindert echte Zwiegespräche. Über den Umweg des Sachlichen jedoch ist er zu vielen und komplexen Formen des Austauschs bereit.

Außerdem besitzen schizoide Menschen oft reiche innere Welten. Gerade weil sie sich gern über ihre eigene Objektivität täuschen, kann es zu seltsamen, fast exotischen Konstruktionen kommen. Einem schizoiden Menschen wirklich zuzuhören, ist ein Geschenk, das ihm hilft, Misstrauen zu überwinden und zugleich ein paar unauffällige Reality-Checks vorzunehmen.

OFFENHEIT ODER VERSCHLOSSENHEIT: Schizoid geprägte Menschen sind, neben den Narzissten, die verschlossensten Charaktere, und ihnen fehlt oft selbst der Kontakt zu ihrer emotionalen Innenwelt. Sie können weder ihre eigenen Gefühle noch die der anderen Menschen besonders gut lesen. Da Nähe ihnen dieses Defizit schmerzlich bewusst macht, ist sie bedrohlich und muss vermieden werden. Deshalb ist es ratsam, dem Schizoiden viel (Frei-)Raum zu geben, und eher unklug, ihm allzu sehr auf die Pelle zu rücken. Fühlt er sich bedroht, zieht er sich zurück.

VERÄNDERUNG ODER ERHALTUNG: Schizoide lieben ihre Gewohnheiten und kleinen Rituale. Auch bei der Zusammenarbeit müssen diese »Eigenheiten« respektiert werden. Auf einer tieferen Ebene sind die Schizoiden häufig Agenten des Neuen – ihre Eigengesetzlichkeit, ihre Freiheit von Konventionen und Regeln und ihre distanzierte Beobachtung der Wirklichkeit machen sie häufig zu Pionieren und Visionären. In Utopien suchen sie oft das Absolute und neigen zugleich dazu, deren Machbarkeit zu überschätzen. Rationalität und Praktikabilität sind nicht gleichbedeutend, und viele Schizoide denken lieber, als wirklich zu handeln.

BEOBACHTBARES VERHALTEN NACH KÖNIG: Schizoide Menschen vermeiden Small Talk. Sie wollen, dass es um Wesentliches und Tiefes geht und verpassen dabei die Chance, erst einmal miteinander vertraut zu werden. Das ist Teil der sozialen Inkompetenz dieses Charakters – wer nur auf den Verstand hört und alles Emotionale ausblendet, ist halb blind. Dazu kommen noch mögliches Misstrauen, eine oft leicht »schiefgestellte«, selten hinterfragte innere Welt und generelle Realitätszweifel – man muss sich eher wundern, dass die Schizoiden sozial überhaupt funktionieren. Doch ihr kühler Blick hilft ihnen durchaus, Regeln zu verstehen, auch wenn es ihnen manchmal sogar gefällt, sie bewusst zu brechen. Dazu gehören nicht nur der Verzicht auf Geschmeidigkeit, Höflichkeit und sozialen »Flausch«, sondern auch eine tiefergehende Missachtung sozialer Konventionen.

Das Soziale ist dem Schizoiden geheimnisvoll – Ort von Zurückweisung und wertschätzender Annahme gleichermaßen. Die Tragik dieses Charakters liegt darin, dass er nur diese beiden Modi, die seine wechselhafte frühkindliche Bindungserfahrung spiegeln, kennt. Zu viel oder zu wenig – das bestimmt den sozialen Umgang.

Deshalb können Schizoide auch ziemlich anstrengend sein. Denn obwohl ihr schrulliges Verhalten Unabhängigkeit suggeriert, steckt in ihnen zugleich der stets präsente Wunsch nach Nähe. Doch auch hier gilt: ganz oder gar nicht. Schizoide lieben es, ihre Umgebung mit ganz tiefen Einblicken in ihr Sein und Denken (aber nicht in ihre verletzlichen Gefühle) zu überraschen und nicht selten zu überfordern. Dazu gehört auch ihr berühmter »Röntgenblick« – sie sezieren und durchschauen ihre Umwelt und ihre Mitmenschen auch wegen des Fehlens »verwirrender Gefühle« oft besser als andere und genießen es, ihre Erkenntnisse mitzuteilen. Das wird oft als schockierend, verstörend und extrem taktlos empfunden.

Gerade wegen dieser exzentrischen Eigentümlichkeiten brauchen Schizoide mehr als die anderen Charaktere eine gleiche Wellenlänge. Doch anstatt das vorab zu klären, lassen sie sich oft erst einmal gehen, um dann zu überprüfen, ob die Umgebung das jetzt goutiert hat. Oft ist das nicht der Fall. Was den Schizoiden darin bestärkt, sich lieber auf sich selbst zu verlassen. Bis zum nächsten Ausbruch.

VERHALTEN IN DER ARBEITSWELT NACH KÖNIG: König sieht die Schizoiden als besonders labile Charaktere. Trotz ihres starken Selbst haben sie fließende Grenzen und neigen dazu, sich mit den anderen und der Welt zu verwechseln. Dabei ist es aber wichtig, dass der oder das Andere als »gleich« empfunden wird. Anders als der ozeanische Verschmelzungswunsch des Depressiven gleicht die Sehnsucht des Schizoiden deshalb eher dem Versuch eines Puzzleteilchens, ein Gegenstück zu finden. Er will endlich *verstanden* werden. Dabei richtet sich sein Begehren nicht unbedingt auf Einzelpersonen, sondern auch auf Gruppen wie beispielsweise die wissenschaftliche Gemeinschaft oder einen Zusammenschluss von Künstlern.

Der schizoid strukturierte Mensch hat oft hohe Ideale – und schützt sich zugleich durch Zynismus und Skepsis vor den unvermeidbaren Kränkungen. Diese paradoxe Strategie macht sein Verhalten unberechenbar: heute strengster aller Prüfer, morgen resignierte Wurstigkeit. Auch in diesem Muster wiederholt sich die unzuverlässige Bindungserfahrung der ersten Lebensjahre.

Oft sind Schizoide, die es geschafft haben, in einer »geteilten eigenen Welt«, wie etwa einer wissenschaftlichen Gemeinschaft, zu leben, auch sehr realitätsfern. Man denke an den Typ des »zerstreuten Professors«. Trotzdem geht von ihnen eine seltsame Anziehungskraft aus – sind sie nicht nur die labilsten, sondern auch die revolutionärsten der Charaktere: Anarchisten und Reformer statt Prediger und Fanatiker wie die Zwanghaften. Und da sich einige Schizoide im Lauf ihres Lebens viel Wissen aneignen, können sich Eigenwilligkeit und Kompetenz zu einer faszinierenden Mischung verbinden.

Das gelingt aber nur, wenn der Schizoide es schafft, die sozialen Regeln und Konventionen halbwegs zu beachten – ganz egal, was er darüber denkt. Denn wegen ihrer sozialen Inkompetenz, die bis ins Autistische reichen kann, geraten Schizoide beruflich auch oft ins Abseits oder bleiben in Stellungen weit unter ihren intellektuellen Möglichkeiten stecken. Doch auch das stört sie nicht wirklich, denn eigentlich »leben sie in ihrer eigenen Welt«.

VERHALTEN IN INSTITUTIONEN NACH KÖNIG: Da sich der Schizoide als idealistischer und durchsetzungsstarker Mensch in seiner Arbeit sehr einsetzen kann, erreicht er oft viel. Immer das große Ganze im Blick, kann er, besonders wenn er auch zwanghafte Anteile hat, also auch das Kleine nicht aus den Augen verliert und sorgfältig und gründlich arbeitet, ein beachtliches Niveau erreichen. Nur seine Schwierigkeiten im persönlichen Umgang könnten ihm dabei im Weg stehen. Wenn er lernt, eine freundliche Distanz aufzubauen und wenn er auf ein verständnisvolles Umfeld trifft, sind seine »nerdigen« Allüren kein Problem.

Sowohl als Mitarbeiter wie als Chef neigt er dazu, von sich auf andere zu schließen. Damit kann er sein Umfeld überfordern, verstören oder völlig falsch beurteilen. Denn der Schizoide hält seine Sicht auf die Dinge für beispielhaft objektiv, was es umso schwerer macht, ihn auf die Verzerrung hinzuweisen. Mit dieser Art von Kritik macht man sich gar nicht beliebt – schwarz ist schwarz, weiß ist weiß, was gibt es da zu diskutieren.

Differenzierung ist des Schizoiden Sache nicht. König beschreibt seine möglichen Bewertungsraster: Trottel – nützlicher Trottel – Genie (wie der Schizoide selbst). Das macht es für verkannte ebenso wie für überschätzte Mitarbeiter schwer, ihr Verhalten mit dem Verhalten des Chefs in Einklang zu bringen. Denn für schizoide Menschen zählen nur ihre Ansprüche: ganz oder gar nicht, alles oder nichts. Dieser

Mangel an Zwischentönen sorgt oft dafür, dass wichtige Nebenfelder einer Aufgabe vernachlässigt werden oder Individuelles, wie bei obigem Bewertungsraster, generalisiert wird.

Als Chefs fällt es ihnen leicht, zu gehen und fortzubleiben. Mitarbeiter, die ihren hohen Standards entsprechen, unterstützen sie weiterhin. Und auch Freunden, die ihre hochfliegenden Erwartungen nicht enttäuscht haben, bleiben sie ein Leben lang treu.

UMGANG MIT RESSOURCEN: Der Schizoide hat sich angesichts einer unberechenbaren Umgebung schon sehr früh ein eigenes Weltbild zugelegt, das nicht außerhalb des »Sonnensystems«, also der sozialen Ordnung, steht wie das Größenselbst des Narzissten, sondern eher schräg darin verhakt ist. Dieser Bruch ist oft unbewusst, und so neigen schizoide Persönlichkeiten dazu, ihre eigene Anschauung für objektiv zu halten und ihre »Scheinrationalität« für das Rationale an sich. Denn die eigene Weltsicht ist das, was sie *haben*, ihr Panzer, ihre Begründung und ihr Vergnügen zugleich. Alles wird darauf bezogen, und entweder passt es dazu oder es ist falsch.

Dieses Schwarz-Weiß-Denken ist zwar originell, macht aber auf Dauer einsam, und dass es ihnen nichts ausmacht, ist nur teilweise befriedigend. Das große Thema des Schizoiden ist deshalb das Andere in all seinen Formen. Beginnend mit den eigenen Emotionen, Zweifeln und Widersprüchen, die nicht ausgeblendet, sondern fruchtbar gemacht werden könnten, über abweichende Meinungen, die zugelassen und angenommen werden könnten, hin zu einem wahrhaftig polaren Denken, das Widersprüche in Übergänge und Gleichzeitigkeiten verwandelt – Sowohl-als-auch anstatt Entweder-oder. Dadurch wird auch die innere Welt facettenreicher und nuancierter – das betrifft vor allem den Umgang mit eigenen und fremden Gefühlen, die ja stets das Andere der scheinbar objektiven schizoiden Sachlichkeit darstellen.

Wenn sich die Sehnsucht, endlich verstanden zu werden, in das Bemühen verwandelt, Andere und Anders zu verstehen, kann der Schizoide die Erfahrung machen, dass die Welt und die anderen Menschen ihm tatsächlich auch etwas zu geben haben – und zwar etwas, das er noch nicht kennt. Das führt aus der Einsamkeit, stärkt das Vertrauen und zugleich die Objektivität – denn nur wer seinen Blick prüft, sich mit Anderen austauscht und neue Perspektiven zulässt, sieht mehr als immer nur sich selbst.

ÜBERLEGUNGEN ZUM UMGANG: In einem Wort: Zutrauen.

Der Schizoide steckt oft noch in der Situation des vernachlässigten Kindes, das sich wünscht, geliebt zu werden. In ihm steckt nicht nur ein emotionaler Vulkan, sondern auch echtes anarchistisches Potential: Ich mache mir die Welt, *widdewidde wie* sie mir gefällt.

Schizoide sind selbstbewusst und selbstgenügsam – doch können sie auch Beziehungen eingehen? Phobische und depressive Menschen können sich vom starken Selbst des Schizoiden angezogen fühlen, wobei Depressive schnell erfahren müssen, dass ihr Verschmelzungswunsch an der Tür der Festung ein Ende hat. Ein Phobiker wäre vielleicht damit zufrieden, »draußen« herumzugeistern. Mit zwanghaften Menschen kann es zu einem fruchtbaren Austausch kommen – der rebellische Schizoide profitiert von der zwanghaften Konventionalität und vice versa. Hysteriker haben kein leichtes Spiel – und ein allzu desinteressiertes Publikum. Zwischen zwei Schizoiden allerdings kann es zu fruchtbaren Fusionen kommen – vor allem, wenn sie sich gegenseitig als »ähnlich« erkannt und anerkannt haben.

In einer Beziehung braucht ein schizoider Mensch sowohl Nähe, verstanden als Loyalität, Verständnis und liebevolles Zutrauen, als auch Ferne. Dadurch inspiriert er sein Gegenüber zu eigenen Interessen und zu klaren Gefühlsäußerungen. Der Partner des Schizoiden braucht emotionale Eigenständigkeit, wenn nicht auch eine gewisse Genügsamkeit, viel Geduld und ein echtes Interesse an »seinem« Original. Denn wenn sie sich geborgen fühlen, reden die meisten Schizoiden gerne, weil auch das ihnen hilft, ihr Weltbild aufrechtzuerhalten. Zuhören müssen sie allerdings oft noch lernen. Dabei ist genau diese vordergründig passiv scheinende Haltung der Weg zum anderen Menschen und zu einem anderen Blick auf die Welt.

Im Umgang ist der schizoide Mensch ebenso schwierig wie unkonventionell – aber auch eigenständig, integer und aufrichtig. Obwohl er ein guter Beobachter ist, mangelt es ihm oft an der Fähigkeit, daraus Konsequenzen für sein eigenes Verhalten zu ziehen. Das äußert sich auch in geradezu kindischen Strategien. Denn ob beruflich oder privat – oft sabotiert er willkürlich Beziehungen, um zu sehen, ob der Andere ihn »trotzdem liebt«. Hier hilft es, streng in der Sache und freundlich zum Menschen zu sein – also das Verhalten zu kritisieren und nicht die Person. Außerdem sind Schizoide oft irrational (die unterdrückten Gefühle brechen eruptionsartig und unkontrolliert an die Oberfläche), aber auch gerne bereit, über ihre eigenen Ausfälle hinwegzusehen und einfach mit der Arbeit oder mit der Beziehung weiterzumachen. Wenn man die innere Distanz besitzt, diese Unverschämtheiten nicht auf sich zu beziehen (was völlig verkehrt wäre), sitzt man die schizoiden Schwankungen am besten aus und vermittelt dem Anderen während des gemeinsamen Prozesses eine distanzierte und sachliche Verbindlichkeit. Machtkämpfe sind zu vermeiden – der Schizoide hat wahrscheinlich den längeren Atem. Und den besseren Rückzugsort.

HÖRT AM LIEBSTEN: »Wenn es einer hinbekommt, dann Sie!«

DER DEPRESSIVE CHARAKTER
»Es ist nicht gut, dass der Mensch alleine sei.«

Während sich der Schizoide mehr auf sich als auf die Anderen verlässt, ist der Depressive in übergroßem Maß von anderen Menschen abhängig. Er hat Angst vor der Ich-Werdung, die immer auch ein Herausfallen aus der »Geborgenheit des Ganzen« bedeutet. Für ihn steht Sozialität über Individualität, er ist tendenziell unselbständig und träumt besonders in der Liebe von symbiotischen Beziehungen.

Entwicklungspsychologisch ist die narzisstische Struktur eine Reaktion auf eine frühe, oft schon vorgeburtliche Ablehnung und Vernachlässigung. Die schizoide Struktur spiegelt die ersten wechselhaften Bindungserfahrungen, und die depressive Struktur ist Ergebnis des ersten Umgangs des Kindes mit der äußeren Welt. Dabei geht es um die Fähigkeit, sich als wollendes Ich symbolisch zu repräsentieren und dadurch die eigenen Wünsche anzuerkennen und zu vermitteln. Diese erste Bezugnahme auf die Materialität der Welt betrifft zunächst den Umgang mit Nahrung; Freud nennt diesen Entwicklungszeitraum die »orale Phase«. Ein überbehütender oder auch vernachlässigender Umgang mit diesem primären körperlichen Bedürfnis kann zu einem tiefen Zweifel an der Selbstwirksamkeit führen, hin zu dem Gefühl, andere wüssten besser, was gut für einen sei.

Das Wort *depressiv* kommt vom lateinischen *deprimere*, was »niederdrücken« bedeutet. Man kann sich vorstellen, wie der Wille und die Bedürfnisse eines kleinen Kindes vom großen Willen der Mutter übergangen, vernachlässigt oder niedergebügelt werden. Ist diese Missachtung kontinuierlich, kann eine depressive, also selbstunsichere, abhängige und tendenziell frustrierte Charakterstruktur entstehen. Derart strukturierte Menschen haben Schwierigkeiten, sich anzunehmen, sich durchzusetzen und ihren eigenen Platz in der Welt zu behaupten.

Mit dem gelingenden Ausdruck der eigenen Wünsche schreibt sich das Kleinkind zum ersten Mal in die symbolische Ordnung ein. Es erfährt die Macht der Sprache und sich dabei als handelndes und einflussreiches Selbst. Depressiven Menschen mangelt es an dieser symbolischen Repräsentation ihrer selbst. Deshalb sind sie oft übermäßig konventionell, denn die symbolische Ordnung wird als Ganzes angenommen und nicht wie beim Schizoiden durch ein eigenes Selbst hinterfragt und gebrochen.

Die Regeln, Konventionen und Gewohnheiten, denen das Kind in seinem Elternhaus und seiner Kultur ausgesetzt ist, werden also weder reflektiert, noch wie beim Zwanghaften intellektuell verstanden und sich so zu eigen gemacht. Stattdessen haben depressiv strukturierte Menschen eine eher emotionale Bindung an die Ordnung der Dinge, die ihnen so geheimnisvoll und gültig erscheint wie der Wille der Eltern. Dieser emotionale Gehorsam macht es ihnen besonders schwer, eine eigenständige Haltung zu entwickeln; hier entspringt aber auch die Loyalität und Hingabe dieser gefühlsbestimmten Menschen, die sich mehr als alle anderen Charaktere auf das So-Sein ihres Partners einstimmen können.

Depressiv strukturierte Menschen sind gewohnt, die Erwartungen Anderer zu erfüllen. Wenn sich ein solcher Mensch beruflich oder privat für alles verantwortlich fühlt, geschieht dies nicht aus Größenwahn, sondern aus fehlender Ich-Stärke, die ihn mehr durch den Anderen leben lässt als durch sich selbst. Diese Einfühlung kann bis zur mentalen Selbstaufgabe führen.

Bei Riemann steht der depressive Charakter für die Angst vor Individuation, Autonomie und Eigenwillen. Er folgt den sozialen Regeln, aber nicht sich selbst. Während der Schizoide weiß, wer er ist, aber nicht, wie man sich verhält, weiß sein depressiver Gegencharakter nicht, wer er ist, aber genau, wie man sich verhält. Er hat etwas Amorphes, Unbestimmtes und Weiches – wie ein großes Kuschelkissen, das seine Form dem jeweiligen Gegenüber anpasst. Denn wichtiger als die Durchsetzung der eigenen Wünsche ist es für den depressiven Menschen, geliebt zu werden. Er existiert nicht wirklich für sich, sondern eher für Andere. Deshalb gehören depressive Charaktere – ganz im Gegensatz zu den geradlinigen und kantigen Schizoiden – zu den anpassungsfähigsten und zugleich manipulativsten Charakteren; vor allem, wenn es darum geht, ihr Bedürfnis nach Sicherheit, Geborgenheit und Zuwendung zu befriedigen. Zu ihrem Repertoire gehören emotionale Erpressung, passive Aggressivität und alle Formen des Einwickelns – und was sonst noch nötig ist, um sie vor dem Schlimmsten zu bewahren: verlassen zu werden. Wenn es um die Pflege ihrer lebensnotwendigen Beziehungen geht, sind sie begabte Beobachter des Sozialen, mit einem feinen Gespür für mögliche Zwischentöne.

Doch auch depressive Charaktere leiden an Schwarz-Weiß-Denken, besonders was die eigene Verantwortung für ihre Lage betrifft. Die undifferenzierte Scheinrationalität des schizoiden Charakters spiegelt sich in der ebenso undifferenzierten falschen Emotionalität des Depressiven – die eigenen Gefühle werden zum Maß aller Dinge, und der gesunde Menschenverstand, also Logik, Notwendigkeit und Konsequenz, werden negiert. Während der Schizoide kein Gespür für die emotionalen Folgen seiner Handlungen hat, also rücksichtslos erscheint, mangelt es dem Depressiven an Einsicht in das Verhältnis von Ursache und Wirkung. Stattdessen pflegt er eine kindliche Naivität, die bis zur erlernten Hilflosigkeit gehen kann. Diese fundamentale Weigerung, erwachsen zu werden, teilt er mit dem hysterischen Charakter. Doch während magisches Denken dem einen zur Färbung und Verzauberung der Welt dient, neigen stark depressiv strukturierte Menschen zu einer Art Selbstverdummung, die stattdessen von Anderen Wunder und Erlösung erwartet.

Ohne Geist und Reflexion sind auch die eigenen Gefühle diffus, wechselhaft und übermächtig. Depressive Menschen haben Schwierigkeiten, Emotionen und andere »Dinge« beim Namen zu nennen und sich ihnen zu stellen. Insbesondere negative Gefühle werden verdrängt und verschoben. Denn der Depressive fürchtet sie, weil er nicht gelernt hat, sie zu bewältigen – was genau die Weiterentwicklung wäre, vor der er sich scheut. Sein ganzes Verhalten dient dazu, den Status quo aufrechtzuerhalten: man selbst als ohnmächtiges Kind, dem namenloses Unrecht getan wurde und das deshalb bis ans Ende aller Tage Wiedergutmachung fordern kann. Von Anderen, versteht sich.

Depressiv strukturierte Menschen neigen also dazu, sich den geistigen Techniken von Reflexion, Sublimation und Bewältigung zu verschließen. Ihre innere Welt ist bestimmt von Ahnungen, vagen Vermutungen und wortlosen Ängsten. Weil sie Schwierigkeiten haben, ihre innere Welt zur Sprache zu bringen und die eigenen Wünsche symbolisch zu repräsentieren, sehnen sie sich nach direkter, bedingungsloser und dauerhafter Zuwendung, die in vorauseilendem Gehorsam erfüllt, was sie erhoffen, aber selbst nicht auszusprechen wagen: »Verlass mich nicht«, »Sorge für mich«, »Bleib für immer bei mir«.

Depressive Charaktere fürchten das Alleinsein und leiden an Trennungs- und Verlustangst. Sie sind wirklich davon überzeugt, alleine nicht zurechtzukommen und sich nicht selbst versorgen zu können. Die Kluft zwischen Ich und Du, deren Wahrung für den Schizoiden lebenswichtig ist, beunruhigt sie. Sie brauchen Verschmelzung, Sicherheit, Kontinuität.

Dafür sind diese großen Liebenden auch bereit, sich vollkommen hinzugeben – und sich zugleich unentbehrlich zu machen. Das kann bedeuten, auf fast kindliche Weise abhängig zu sein (»Ohne dich wüsste ich wirklich nicht, was ich tun sollte«), oder es äußert sich darin, den Partner oder die Partnerin zum Kind zu machen (»Ohne mich würdest du ja nicht mal den Weg zum Bäcker finden«). Diese manipulativen Techniken dienen dem Wunsch, Abhängigkeit herzustellen – die beste Versicherung dagegen, verlassen zu werden. Geht die Beziehung trotzdem schief, muss schnellstmöglich eine neue her. Dabei ist es oft nicht so wichtig mit wem, Hauptsache, man ist nicht mehr allein. Aus der depressiven Unfähigkeit, alleine zu sein, sich auf sich zu besinnen und anschließend den oder diejenige Person zu wählen, die wirklich zu einem passt, wird deshalb oft eine andere Form von Einsamkeit, bei der man zwar nach außen hin abgesichert ist, aber innerlich leer und ohne Ansprache bleibt.

Da die Depressiven ihren Selbstwert nicht aus sich heraus schöpfen können, sondern von der Anerkennung Anderer abhängig sind, sind sie besonders leicht verführbar. Wenn alle aus dem Fenster springen, ist der Depressive dabei, ganz im Gegensatz zum selbstgesetzlichen Schizoiden. In unserer ökonomisierten Gegenwart, in welcher der Selbstwert zunehmend der Marktwert ist – also das, was Andere einem zuzusprechen gewillt sind an Lob, Likes, Geld und Anerkennung –, ist die depressive Struktur deshalb auf dem Vormarsch.

Mit der zunehmenden Abhängigkeit von der Bewertung durch andere Menschen beschäftigt sich unter anderem die Soziologin Eva Illouz. In ihrem Buch *Warum Liebe weh tut* untersucht sie die Lage des modernen Subjekts anhand der Quellen seines Selbstwerts. Dabei stellt sie fest, dass heute weder Status, also äußerliche Merkmale wie Beruf oder soziale Stellung, noch Charakter, also innerliche, der eigenen Bewertung obliegende Qualitäten wie die eigene Ehre oder Tugend, den Selbstwert dauerhaft und vor allem unabhängig von Anderen stabilisieren können. Stattdessen wird der ganze Mensch in jeder (Liebes-)Begegnung neu verhandelt, jede Zurückweisung ist eine Zurückweisung der ganzen Person.

Obwohl Eva Illouz damit zunächst nur das neue Leiden an der Liebe erklärt, lassen sich ihre Erkenntnisse leicht auf andere Felder des Sozialen übertragen. Jeder Ort, an dem man sich selbst darstellt und sich somit dem Urteil der Anderen andient und überlässt, fördert depressive und hysterische Tendenzen zugleich. Beiden Charakterstrukturen gemein ist ein schwaches Selbstwertgefühl, das in krassem Kontrast zu den allgegenwärtigen Ansprüchen an Individualität, Unabhängigkeit und Selbstverwirklichung steht. Dass im Kern des modernen Selbstdarstellungs-Subjekts kein aufgeblähtes Ich, sondern eher ein depressiver Mangel an Ich steckt, erklärt vielleicht auch die seltsame Lethargie und Sprachlosigkeit unserer Zeit.

Diesen Zusammenhang hat der Philosoph Byung-Chul Han in seinem Buch *Müdigkeitsgesellschaft* genauer beleuchtet. Er zieht eine Verbindung aus Leistung und Erschöpfung, aus Performancedruck und Selbstausbeutung. Gerade weil wir Menschen des 21. Jahrhunderts keiner autoritären Macht – gegen die man notfalls auch rebellieren könnte – gehorchen müssen, sondern nur noch uns selbst – aus »Ich muss« wurde »Ich will« –, kennt der Einzelne keine Grenzen mehr. »Der Mensch des 21. Jahrhunderts kollabiert an der Unendlichkeit seiner Möglichkeiten.« Am Ende dieses Prozesses stehen allerdings nicht Revolte und selbstbestimmtes Leben, sondern Entfremdung, Burn-out und Depression. In dieser Lesart ist der Andere, von dem wir abhängen und dem wir gehorchen und gefallen wollen, nicht mal mehr ein anderer Mensch, sondern die verinnerlichte Ideologie einer profitorientierten Leistungsgesellschaft.

Auch der Gutmensch ist tendenziell ein depressiver Charakter – die fehlende Eigenständigkeit wird durch »hohe Ideale« verdeckt, denen dann geopfert wird, was der Depressive noch gar nicht besitzt: das eigene Ich. Doch nur dieses Ich ist fähig, sein eigenes Leben selbst zu erzählen und die eigenen Wünsche, das eigene Begehren und die eigene Sehnsucht durchzusetzen. Der Depressive bleibt stattdessen in der Passivität gefangen: nur gucken, nicht anfassen. Für diese andauernden Frustrationen macht er gerne ebenfalls »die Anderen« verantwortlich – was seine Hilflosigkeit nur weiter zementiert.

Auch Aggressionen können nur indirekt ausgelebt werden, in diesem typisch depressiven Lamento über die »ungerechte Welt« und anderen Formen des Klagens, Jammerns und Beschwerens. Der depressive Charakter ist ein Meister der passiven Aggressivität. Und wenn es ihm nicht gelingt, sich nachträglich »zur Welt zu bringen«, kann er noch bitterer werden als ein enttäuschter Narzisst.

Während der Narzisst sich nicht selbst füttern kann, kann der Depressive sich nicht selbst versorgen – und bleibt so immer hilfloses Kind. Weil er sich nicht ausdrücken kann, will er *erraten* werden, was meist misslingt und ihn tief bekümmert. Es mangelt ihm an symbolischem Kapital, an Ausdrucksvermögen, Eigenwillen und Entschlossenheit.

Depressive Menschen können die Welt meist nicht direkt, sondern nur indirekt erleben; sie leben durch und für andere und kümmern sich über diesen Umweg um sich selbst. Deshalb sind ihre Fürsorge und ihr Mitgefühl in besonderem Maße echt. Denn im Gegensatz zu den Schizoiden, die dazu neigen, ihr Selbst auf andere zu projizieren, introjizieren die Depressiven, sie beziehen Eigenschaften und Erlebnisse ihrer Mitmenschen auf sich. Die Sorge um Andere ist für den Depressiven die Sorge um sich, was diese Charakterstruktur für soziale Berufe prädestiniert: Krankenpflege, Altenpflege, Gesundheit, Kinderbetreuung und dienende Berufe. Das Mitgefühl des Depressiven kann sich aber auch in Philanthropie und sozialem Engagement äußern: vom guten Bürger über den Missionar zum Heiligen. Depressive haben oft hohe Ideale und große Erwartungen. Wenn sie aktiv an deren Erfüllung arbeiten, können sie einen unschätzbaren Beitrag zu einer besseren und liebevolleren Welt leisten.

Depressive Menschen konkurrieren nicht und arbeiten gerne zu, denn sie scheuen die Verantwortung, die ein beruflicher Aufstieg mit sich bringen würde. Die sich auch im Beruflichen zeigende Unfähigkeit, für sich einzustehen und eigene Entscheidungen zu treffen, lässt sie oft unter ihren Möglichkeiten bleiben – was wiederum zu Frustration, Kränkung und endloser Klage führt. Darauf reagiert die Umwelt schnell genervt, und der Depressive zieht sich schmollend zurück und zweifelt noch mehr an sich, während er langsam verbittert. Das ist der depressive Teufelskreis. Auch in der beruflichen Kommunikation führt die mangende Auseinandersetzung mit dem eigenen Selbst und den eigenen Wünschen oft zu einem Mangel an Klarheit bzw. Haltung: erst das, dann das, dann doch das andere.

POSITIVE CHARAKTEREIGENSCHAFTEN: hingebungsvoll, liebesfähig, mitfühlend, gebend, großzügig, aufmerksam, kann gut zuhören, fähig zu Nähe und Intimität, einfühlsam, bescheiden, selbstlos, fürsorglich, hilfsbereit, idealistisch, tugendhaft.

NEGATIVE CHARAKTEREIGENSCHAFTEN: unselbständig, abhängig, klammernd, konventionell, bequem, gehorsam, apathisch, ängstlich, kindlich, unklar, hat manchmal Gedächtnisprobleme (vergisst Absprachen usw.), neidisch, jammert und beschwert sich gerne, Schwierigkeiten, mit negativen Emotionen (Wut, Frust, Scheitern usw.) umzugehen, manipulativ, berechnend.

GRUNDKONFLIKT NACH KÖNIG: Zwischen dem Wunsch, von anderen versorgt zu werden und dem Wunsch, sich selbst und andere zu versorgen.

ENTWICKLUNG NACH KÖNIG: Die depressive Struktur entsteht nach dem Stand der Dinge durch eine gestörte Interaktion zwischen Mutter und Kind, die sich vor allem auf die Nahrungsaufnahme in ihren materiellen und emotionalen Komponenten bezieht. Wird ein Kind lieblos oder liebevoll gefüttert? Wenn es Hunger hat oder wenn es Essen gibt? Darf es selbst entscheiden, was es will oder soll es essen, was auf den Tisch kommt?

Ein restriktiver Umgang mit den oralen Wünschen

des Kindes lässt dessen Erwartungen an die Welt verkümmern. Es reagiert mit einer zunehmend bequemen Bescheidenheit, Anpassung, »Bravheit«, hinter der sich eine aufgestaute orale Gier verbirgt. Die durch orale Frustration entstandene Wut kann sich nicht gegen den Verursacher, meist die Mutter, richten – aus Angst, sie dann ganz zu verlieren – und wendet sich daher oft gegen sich selbst.

Hier beginnt das depressive Zuschreibungsproblem – negative Gefühle werden verschoben und zugleich diffundiert und verdrängt. Daraus entsteht diese typisch depressive Stimmung, ein lähmendes Gemisch aus Ohnmacht, Lethargie und Gekränktheit. Die Unfähigkeit, Gefühle klar zu erkennen, zuzuordnen und zu bewältigen ist eine Facette der depressiven Unfähigkeit zur Welt- und Selbstaneignung. Und so sind diese emotionalsten aller Menschentypen trotz ihres sozialen Geschicks den eigenen Gefühlen hilflos ausgeliefert.

Sein mangelnder Zugang zur symbolischen Welt macht den Depressiven immer wieder zum unbeholfenen Kind, das in einer sprachvermittelten und kulturell codierten Erwachsenenwelt versuchen muss, seine Bedürfnisse nach Liebe, Anerkennung und Geborgenheit zu befriedigen. Manche Depressiven haben deshalb einen Hang zu Kitsch; und alle wissen liebevolle Zuwendung sowie ein echtes Interesse an ihren Angelegenheiten besonders zu schätzen. Dazu gehört auch die Ermutigung zu Selbstsein und Weltaneignung – denn obwohl depressive Menschen ihre Wut, ihre Gier und ihre anderen Triebregungen nicht erkennen und anerkennen, sind sie trotzdem da. Und wie der Schizoide die Erlösung aus seiner Einsamkeit zugleich ersehnt und fürchtet, ersehnt und fürchtet der Depressive »sein Stück vom Kuchen«. Es endlich symbolisch zu bekommen würde ihm auch helfen, es nicht immer stellvertretend essen zu müssen – oft sind depressiv strukturierte Menschen nicht nur innerlich, sondern auch äußerlich eher kuschelig.

OBJEKTBEZIEHUNG = BEZIEHUNG ZUM GEGENÜBER NACH KÖNIG: Bei Riemann hat das jeweilige »Du« des Depressiven einen Überwert, während das Ich, also die eigenen Wünsche und Vorstellungen, oft gar nicht mehr wahrgenommen wird. Während der Schizoide bei König einen Menschen sucht, der ihm ähnlich ist, will der Depressive sich einem Anderen angleichen und sich so der Verantwortung und der Last des eigenen Daseins entziehen. Während der Schizoide sein Selbst bewahrt, bewahrt der Depressive seine Beziehungen.

Dazu kommt, dass er sich wie der Zwanghafte an der symbolischen Ordnung, sprich dem »Man tut dies und das«, also seinem Eltern- oder Über-Ich orientiert, das zugleich die Grenzen seiner Komfortzone markiert. Und diese Komfortzone will der Depressive auch bei allergrößtem Verschmelzungswunsch nur ungern verlassen.

ENERGIESYSTEM: Weil der Depressive sich selbst keine Aufmerksamkeit schenken kann, erwartet er sie immer und überall von Anderen. Nicht als Lob oder Bestätigung, sondern eher als beruhigendes Hintergrundrauschen. Ständiges Feedback und das ausführliche Besprechen alltäglicher Angelegenheiten vermitteln dem depressiven Charakter ein Gefühl von Sicherheit und Geborgenheit. Doch dafür braucht er seine Mitmenschen. Wie der narzisstische Charakter ist auch der depressive in hohem Maße von seiner Umwelt abhängig, doch während der Narzisst Bewunderung braucht, lebt der Depressive von Introjektion, dem stellvertretenden Erleben. Von allen Charakteren hat er das größte Talent zur Verschiebung, das reicht von der Identifikation mit dem Partner bis hin zur Anteilnahme an der ganzen Welt.

MONOLOG ODER DIALOG: Depressive Menschen reden zu viel oder zu wenig. Wie den Schizoiden das emotionale Mittelmaß fehlt, so fehlt den Depressiven der nuancierte Ausdruck, eine weitere Facette symbolischen Unvermögens. Allein in der Beschreibung ihrer Leiden und der allgemeinen Ungerechtigkeit der Welt können sie sich zu hoher Kunst aufschwingen. Da ihr Verhalten symbiotisch motiviert ist, sind sie, wie die Phobiker, eher Echo; es geht ihnen um die Verbindung, nicht um die Sache. Und da sie, anders als die Phobiker, nicht nur von anderen Menschen abhängen, sondern auch wirklich durch Andere leben, sind gute Geschichten echte Geschenke – und Depressive ausgezeichnete Zuhörer.

OFFENHEIT ODER VERSCHLOSSENHEIT: Depressiv geprägte Menschen sind die offensten aller Charaktere, haben sie doch Angst vor Trennung und Grenzziehungen und träumen von ozeanischer Verschmelzung. Hingebungsvoll beginnen sie verheißungsvolle neue Beziehungen – obwohl die Pflege der alten ihnen noch wichtiger ist. Ihre Bedürftigkeit und ihr Mangel an Urteilskraft führen allerdings oft dazu, dass man sie ausnutzt – was sie wiederum darin bestätigt, dass die Welt ein schlechter und ungerechter Ort ist. Allerdings sind sie auch die hoffnungsvollsten aller Charaktere und mit fast kindlicher Naivität bereit, immer wieder aufs Neue an den oder an die Menschen zu glauben.

VERÄNDERUNG ODER ERHALTUNG: Der Depressive fürchtet Veränderungen – alles, was seine vielen sorgsam gepflegten Verbindungen und Verbindlichkeiten bedroht, gefährdet seine Existenz. Neues, Aufregendes oder gar Riskantes liegt ihm fern, auch weil er oft ziemlich bequem und phlegmatisch ist.

An Utopien schätzt er jene mit hohem altruistischem Anteil. Da er sich selbst Glück und (orale) Triebbefriedigung versagt, erfreut es ihn, beides über andere Menschen auszuleben. Dabei ist er meist tief enttäuscht von der Kluft zwischen Erwartung und

Wirklichkeit. Was ihn allerdings nicht davon abhält, weiter zu träumen – von der wahren Liebe und von einer besseren Welt.

BEOBACHTBARES VERHALTEN NACH KÖNIG: Depressive überfüttern durch Sprechen oder hören gleichsam »saugend« zu. Im Gespräch kommen sie schwer in Gang, was mit ihrem Initiativmangel zusammenhängt. Doch wenn sie dann losgelegt haben, sind sie kaum zu stoppen. Beteiligt man sie nicht am Gespräch, wirken sie vorwurfsvoll oder resigniert. Und würden keinesfalls zulassen, dass irgendjemandem ihr gekränkter Zustand entgeht. Depressive sind Meister der »getrübten Stimmung«. Manchmal kompensieren sie auch den symbolischen Raum, den sie im Gespräch nicht bekommen, durch nonverbal raumforderndes Verhalten und breiten Kleidungsstücke oder den Tascheninhalt auf dem Tisch aus.

VERHALTEN IN DER ARBEITSWELT NACH KÖNIG: Neben dem Mangel an Initiative ist das Arbeitsverhalten des Depressiven ähnlich wie das des hysterischen und des phobischen Charakters durch die Anforderungen der ihn umgebenden Personen gesteuert. Dabei sucht der hysterische Charakter Bewunderung und die beiden anderen Sicherheit. Dazu kommt beim depressiven Charakter eine starke Orientierung an Idealen und dem eigenen Gewissen. Depressive Menschen haben einen Hang zum Gutmenschentum, vor allem, wenn sie es heranziehen können, um sich über die böse Welt zu beschweren. Aber sie helfen auch wirklich gerne – um dafür Dank und Anerkennung zu erhalten und nicht, wie der Zwanghafte, Kontrolle und Macht.

Doch da der depressiv Strukturierte seine Arbeit meist danach bemisst, wie anstrengend sie für ihn war, was sie ihn »gekostet« hat, überschätzt er oft, was bei der Arbeit herauskommt, und erwartet deshalb auch mehr Dank, als ihm Andere zugestehen. Zugleich übernimmt er oft mehr Arbeit, als er bewältigen kann – alles, um gebraucht und geschätzt zu werden. Auch hier zeigt sich das typisch depressive Problem, Dinge richtig einzuschätzen und korrekt zu bewerten.

Überhaupt glauben diese Menschen, dass sie für ihre Leistungen nicht nur anerkannt, sondern tatsächlich geliebt werden müssen. Fehlt diese »Anerkennung«, begünstigt das die typisch depressive Verbitterung.

Die altruistische Veranlagung und das Talent zum »delegierten Genießen« – der Genuss des Anderen ist heimlich auch meiner, denn eigenen Genuss darf ich ja nicht haben – prädestinieren den depressiv strukturieren Menschen für soziale Berufe. Für andere Menschen kann er fordern, was er sich selbst versagt. Erst wenn es eine gerechte Welt für alle gibt, ist auch seine eigene Welt existenzberechtigt.

Wegen ihres Phlegmas bevorzugen Depressive zudem Berufe, in denen ihnen die Arbeit ins Haus gebracht wird – wie der Ärztin oder dem Heilpraktiker in die Praxis. Auf Kongressen und bei Meetings sind sie dem Angebot hilflos ausgeliefert und »ziehen sich alles rein« – das kann allerdings auch beim Shopping passieren. Oder beim Essen. Auch an ihrem eigenen Arbeitsplatz zeigen sie wenig Interesse, die Dinge ihren Bedürfnissen anzupassen. Länger als alle anderen halten sie es in hässlichen Zimmern oder auf unbequemen Büromöbeln aus.

VERHALTEN IN INSTITUTIONEN NACH KÖNIG: Der Initiativmangel depressiv strukturierter Menschen hält sie von Institutionen wie Universitäten, Museen usw. meistens fern – und wenn sie dort arbeiten, dann oft in untergeordneten Positionen. Weil ihr Handeln meist vom Über-Ich initiiert wird, fehlt es an Erfahrungen von Selbstwirksamkeit und dadurch erzeugter Funktionslust. Arbeit ist für Depressive schlicht anstrengender als für anders strukturierte Charaktere. Zudem neigen sie dazu, ihre Leistung und ihren Aufwand überzubewerten. Das allein gibt schon zu vielen Klagen Anlass.

Werden Depressive doch Chefs, neigen sie zu Überforderung und Verausgabung, wobei die schlechte Planung von allen gemeinsam ausgebadet werden muss – ist doch beim Depressiven grundsätzlich jeder schuld. Außer er selbst. Kontakt mit Menschen ist ihnen wichtiger als wissenschaftliche Arbeit, die unter ihrer Ägide oft einen geringen Stellenwert hat.

Das beschränkt auch die Aufstiegschancen ihrer Mitarbeiter, die oft an Publikationen und Forschungen gebunden sind. Trotzdem setzen sich depressive Chefs sehr für ihre Mitarbeiter ein, stehen ihnen mit Rat und Tat zur Seite und freuen sich, wenn diese sich dankbar zeigen. Den Abschied aus seiner Institution kann der depressive Mensch nur schwer verkraften. Da er den Sinn seines Lebens darin gesehen hat, für Andere da zu sein, fehlen ihm Menschen, für die er da sein kann. Im günstigsten Fall findet er ein soziales oder sozialpolitisches Ehrenamt.

UMGANG MIT RESSOURCEN: Die Unfähigkeit der Mutter, die oralen Bedürfnisse des Kleinkinds zu erkennen und darauf entsprechend zu antworten, spiegelt der depressiv strukturierte Mensch in seinem Selbstumgang. Er hat Schwierigkeiten, seine Wünsche und Erwartungen zu äußern und die notwendigen Schritte zu unternehmen, die zu ihrer Verwirklichung notwendig sind. Seine ganze Energie richtet sich auf soziale Anpassung und Abhängigkeit, von der er sich Versorgung und Sicherheit verspricht. Doch jeder Mensch wird alleine geboren und stirbt alleine. Niemand kann für einen Anderen leben, und niemand kann wirklich durch einen Anderen leben. Und so führt die typisch depressive Gefügigkeit immer wieder zu Enttäuschungen – man wird im Stich gelassen, verkannt, missachtet.

Das große Thema des Depressiven ist daher die

Eroberung der symbolischen Welt und des ihr innewohnenden Gesetzes von Konsequenz und Notwendigkeit. Die Folgen des eigenen Handelns abschätzen zu können, befreit von magischem Denken und von sozialer Abhängigkeit.

Das beginnt damit, sich den eigenen Bedürfnissen zuzuwenden, anstatt ihre Befriedigung von anderen Menschen zu erwarten. Dabei macht man die Erfahrung, dass auch man selbst *spricht* – dass es ein lesbares und kommunizierbares eigenes Wollen und Wünschen gibt. Diese innere Welt wahrzunehmen, zu übersetzen und zu entäußern schreibt den depressiven Charakter Stück für Stück in die symbolische Ordnung ein und verbindet ihn mit der Macht der Sprache: Eine selbst vorgebrachte Beschwerde kann tatsächlich etwas ändern, eine Bitte um Gehaltserhöhung kann Früchte tragen und eine kritische Anmerkung muss nicht zu Liebesverlust führen.

Für den depressiv strukturierten Menschen geht es letztlich darum, seine Empathie, sein Feingefühl und seine großzügige Liebe nicht nur auf Andere, sondern auf sich selbst zu richten. Seiner eigenen Aufmerksamkeit wert zu sein und für sich selbst einstehen zu können, befreit ihn aus der kindlichen Abhängigkeit. Wenn der Depressive anfängt, Verantwortung für sich selbst zu übernehmen, ändert sich auch sein Verhältnis zu Welt – von einem Ort der ständigen Missachtung kann sie zu einem Ort werden, an dem eigene Möglichkeiten gelebt werden können.

ÜBERLEGUNGEN ZUM UMGANG: In einem Wort: Verbindlichkeit.

Depressive Menschen sind besonders empfänglich für die Bedürfnisse des Anderen. In der Liebe schmiegen sie sich eng an ihre Partner und stellen deren Wünsche über die eigenen. Oft werden Depressive deshalb ausgenutzt, und vor Narzissten und Hysterikern müssten sie sich geradezu hüten. Auch der schüchterne Phobiker findet in dem unzentrierten Depressiven ein gar zu schwaches Gegenüber, obwohl in Einzelfällen ein stabiles Gleichgewicht möglich ist – inklusive gemütlichem Zuhause. Mit einem Schizoiden ist eine bereichernde Partnerschaft möglich, vor allem, wenn beide bereit sind, voneinander zu lernen. Sonst können diese beiden Charaktere auf eine ziemlich angenehme, aber auch stagnierende Weise nebeneinander her leben. Auch die Zwanghaften passen gut zu den Depressiven, schützt deren Gewissenhaftigkeit die anhänglichen Depressiven doch vor Ausnutzung und Missbrauch, und vermittelt ihre oft große Selbstgerechtigkeit den selbstunsicheren Depressiven Orientierung und Sicherheit. Allerdings fällt es den veränderungsängstlichen Zwanghaften schwer, geistiges Wachstum und seelische Entfaltung zu fördern, und so hat der Depressive zwar ein schönes Zuhause, aber wenig Entwicklungsmöglichkeiten. Auch zwei Depressive können es sich gemeinsam sehr gemütlich machen, vor allem, wenn sie unterschiedliche Kompetenzen einbringen.

In der Liebe ist der Depressive einfühlsam, gebend und zärtlich. Er interessiert sich wirklich für seinen Partner und er liebt es, ihn rundum versorgt zu wissen. Depressiv strukturierte Menschen können wunderbare Gastgeber sein und haben mehr als andere Charaktere die Fähigkeit, ein »echtes Zuhause« zu schaffen. Das können sie allerdings eher für den Partner oder die Partnerin; für sich selbst geben sie sich oft mit Kompromissen zufrieden und sind manchmal recht unordentlich.

Im Zwischenmenschlichen lieben sie Harmonie und Rituale; Feste wie Ostern und Weihnachten sind ihnen oft wichtiger als ihr Geburtstag. Doch man darf sich nicht täuschen: Die beständige Hingabe des Depressiven ist nicht selbstverständlich und muss ebenso beständig gewürdigt werden. Dank, kleine Aufmerksamkeiten und alle Formen sozialer Wertschätzung sind das Lebenselixier dieses liebesbedürftigen Charakters.

Der Depressive braucht aber nicht nur Anerkennung, sondern auch Ermutigung und Unterstützung und – wie der Phobiker – einen Raum, in dem er erste Erfahrungen der Selbstwirksamkeit machen kann. Das ist nicht leicht, denn der Depressive sucht unbewusst nach der Bestätigung seines Weltbilds und kann ziemlich hartnäckig an seinem Unglück festhalten – ist es doch eben dieses Unglück, was ihm schließlich Sicherheit und Identität gibt – *I love my Leid*. Mit ihrem ewigen Gejammer und ihren Schuldzuweisungen gehören Depressive zudem zu den schlimmsten Nervensägen unter den Charakteren. Es bedarf menschlicher Größe, immer wieder das echte Leiden hinter all den Klagen zu sehen und immer wieder Unterstützungs- und Selbsterfahrungsangebote zu machen. Auch in der Zusammenarbeit ist der Depressive auf kontinuierliche Ermutigung (und manchmal auch auf kontinuierliches Antreiben) angewiesen. Dafür gibt er sich der Sache, der er sich gerade widmet, ebenso vorbehaltlos hin wie dem Menschen, den er liebt.

HÖRT AM LIEBSTEN: »Sie müssen das nicht alleine machen.«

DER ZWANGHAFTE CHARAKTER
»Es kann nicht sein, was nicht sein darf!«

Auf den ersten Weltkontakt folgt die Welterkundung – die territoriale oder »anale« Phase, wie Freud diesen Entwicklungsabschnitt nennt, weil nicht nur der Umgang mit äußeren, sondern auch mit inneren Objekten, sprich Sauberkeitserziehung, gelernt wird. Während der depressive Charakter Schwierigkeiten hat, sich die symbolische Welt anzueignen, fürchtet sich der zwanghafte Charakter davor, sie wieder loszulassen. Die Ordnung der Dinge, in der sich der Depressive intuitiv und ahnungsvoll bewegt, wird vom zwanghaften Charakter intellektuell begriffen, sie ist eindeutig, verbindlich und stark konturiert. Auf die Rätselhaftigkeit des Daseins hat er eine erste Antwort gefunden – dass es nicht seine eigene ist, stört ihn wenig. Doch wehe, jemand konfrontiert ihn mit einer anderen.

Diese enge Verbindung zu Regeln, Konventionen und Ritualen ist Schutz- und Trotzreaktion zugleich. Denn auf die kindliche Neugier und Welteroberungslust wurde nicht mit Vertrauen und Geborgenheit, sondern mit Ärger, Verboten und Sanktionen geantwortet. Dieser grundlegende Mangel an Zutrauen kann sich auch in überbehütendem elterlichem Verhalten zeigen. Hier spaltet König von Riemanns zwanghaftem Charakter den phobischen ab, der nicht von Strafvermeidung, sondern von Angstvermeidung geprägt ist.

Ungerechte Forderungen und übermäßige Bestrafungen werden von Kindern stark empfunden. Obwohl der zwanghafte Charakter gehorcht und gehorchen muss, weil er vom Wohlwollen seiner Eltern abhängig ist, macht ihn die unfaire Behandlung zu Recht wütend. Aus dieser Wut heraus beschließt er oft, es den Anderen »so richtig zu zeigen«, alles noch besser und richtiger zu machen. Er verinnerlicht die Regeln und Konventionen und gebraucht nun in vielen Fällen deren unbestreitbare Autorität gegen die übermächtige Autorität der Eltern. Derart altkluge Kinder können Erwachsene mit ihrer ostentativen Bravheit und Besserwisserei fast zum Wahnsinn treiben. Doch dadurch versagen sie auch sich selbst die Fülle der Welt, die schon viel zu früh auf ein rigides Bewertungssystem reduziert wird. Denn das Misstrauen, das ihnen selbst entgegengebracht wurde, richten sie nicht nur gegen das »Fehlverhalten« der Anderen, sondern ebenso auch gegen die eigenen nichtkonformen Wünsche, Lüste und Begierden.

Die Wut bleibt. Sie füttert diese typisch zwanghaften Ausbrüche über idiotische Kleinigkeiten wie das richtige Buttermesser und wird dazu verwendet, sich selbst und andere zu kontrollieren. Während der hingebungsvolle depressive Charakter durch Andere genießt, will der eher verkniffene zwanghafte Charakter, dass niemand genießt. Denn was er nicht darf, darf auch kein Anderer.

Zwanghafte Menschen sehnen sich nach Sicherheit,

Dauer und Beständigkeit – die Welt soll berechenbar und damit auch kontrollierbar werden. In der Spannung zwischen Bewahrung und Wandel kennzeichnet sie eine tiefe Angst vor Veränderungen – haben sie doch wie die Phobiker früh gelernt, alles Unbekannte für gefährlich zu halten. Alles soll bleiben, wie es ist. Dahinter liegt die tiefste aller Ängste: die Angst vor der Vergänglichkeit.

Der Versuch, das unaufhaltsame Vergehen der Zeit und das Wissen um unser Ende mit Traditionen, Ritualen und Bildern »zuzudecken«, betrifft uns alle. Bestenfalls ist es ein spielerischer und vertrauensvoller Umgang mit Sein und Werden, Ordnung und Chaos, Dauer und Wandel. Der zwanghafte Charakter jedoch verschließt sich der werdenden, ungewissen Seite der Welt und somit auch allem Neuen, Anderen, Innovativen. Er scheut Risiken, glaubt an das Bewährte und hält an Meinungen und Überzeugungen fest. Dadurch kann er die Vielfalt des Wirklichen so lange beschneiden, bis sie in sein Weltbild passt.

Weil die Autorität der geltenden Ordnung so früh internalisiert werden musste, kann sie nicht hinterfragt werden und trägt manchmal fast totalitäre Züge. Auch hier reicht das Spektrum von zuverlässigen Bürokraten über den selbstgerechten Haustyrannen hin zum verblendeten Fanatiker. Allen gemein ist eine Vorliebe für das Althergebrachte. Hinter dieser Angst vor dem Neuen steckt jedoch oft genug die Angst vor dem Fremden in all seinen Formen. Der Zwanghafte will ja auf keinen Fall das geschlossene Weltbild stören, das er braucht, um seine tief empfundene Angst vor der eigenen unberechenbaren Lebendigkeit, und damit notwendig auch Sterblichkeit, notdürftig »abzudichten«.

Diese Berührungsängste führen oft dazu, dass das Leben in seinen praktischen Dimensionen theoretisch reflektiert, aber nicht handelnd bewältigt wird. Riemann spricht von den »Trockenkurslern« des Lebens. Zwanghafte meiden alles, was sie nicht kontrollieren können – inklusive intensiver Gefühle, unbeherrschbarer Natur und alle Formen des Rausches. Die Welt ist ihnen nur in kleinen Kästchen wirklich geheuer – das betrifft auch den Umgang mit ihren Emotionen und ihrem eigenen lebendigen und vielstimmigen Selbst, das im Erwachsenenalter meist eigenhändig gestutzt, zurechtgerückt und kleingehalten wird. Denn die innere Stimme des Zwanghaften ist oft ein verzerrtes Echo des elterlichen Ärgers, eine Art innerer Drill-Sergeant, der fordert, anstatt zu fördern und brüllt, anstatt zu sprechen: *»Don't fuck it up.«* Sonst ...

Dass die Angst vor dem eigenen Versagen oft namenlos bleibt, macht sie unbeherrschbar und mächtig, während ein kühles Durchdenken der möglichen Konsequenzen der erste Schritt zu Autonomie und Angstbewältigung wäre. Doch lieber lässt sich der Zwanghafte zu Höchstleistungen antreiben, und seine Gewissenhaftigkeit, seine Getriebenheit und sein Eifer können nicht nur für ihn, sondern auch für die Gemeinschaft reiche Früchte tragen.

Hier hängt alles davon ab, wie der Zwanghafte die gewaltige Energie seiner meist unterdrückten Wut kanalisiert – ob als regelwütiger Hausmeister, strenger Pädagoge oder präziser Wissenschaftler. Das Einordnen und Sammeln liegt vielen Zwanghaften im Blut – ist doch jede Sammlung ein Mikrokosmos, beherrschbar und theoretisch unendlich zugleich. Manche werden auch Opfer ihrer Sammelleidenschaft, besonders, wenn die zwanghafte Schwierigkeit des Loslassens stark ausgeprägt ist – Messietum ist ein charaktertypisches Phänomen, ebenso wie übertriebener Geiz. Doch auch die konsequente Vermeidung der unwäg- und unberechenbaren Seite des Lebens kann pathologische Züge aufweisen, und es kann zu Zwangshandlungen (Klinke fünfmal berühren etc.) und Zwangssymptomen (Waschzwang, Zählzwang usw.) kommen.

Zwang entsteht immer da, wo ein existentielles Problem auf Banales verschoben wird: häusliche Wut, Putzen gegen den Tod usw. Zwangshandlungen verschieben eine tief empfundene und zugleich diffuse Angst auf Sichtbares. Selbstwahrnehmung und -umgang durch Kontrolle über äußere Objekte zu ersetzen ist eine klassisch zwanghafte Verschiebung, die vor allem dem Spannungsabbau und der Angstbewältigung dient und den Zwanghaften von der einzigen Auseinandersetzung ablenkt, die er mehr fürchtet als eine nicht abgeschlossene Tür: dem offenen Blick auf sein vernachlässigtes Selbst.

Auch in der Liebe versucht der Zwanghafte, trotz Überwältigung und Verschmelzungswunsch, die Kontrolle zu behalten. Er versteckt sich hinter nüchterner Sachlichkeit und wird zum Bürokraten seiner Gefühle, die er oft sehr sparsam dosiert. Wie der Depressive will er die Gewissheit, dass der Andere bleibt, doch anders als der Depressive übt er aktiv Macht aus und versucht, sein Gegenüber zu beherrschen, dessen »Anderssein« nach seinem Wunsch zu formen. Zugleich fürchtet er auch in der Liebe die Veränderung: Zwanghafte heiraten oft ihre Sandkastenliebe und würden sich eher die Hand abhacken, als einer Scheidung zuzustimmen. Was würden denn die Leute sagen!

Zwanghafte stehen in besonderem Maß unter der Knute des Richtigen, Reinen und Guten – von allen Charakteren haben sie das stärkste Über-Ich, weil sie sich mit den Regeln bewusst identifizieren, anstatt wie Depressive bewundernd zu ihnen aufzublicken.

Unpassende Triebregungen, Wünsche und Gefühle werden entweder unterdrückt oder verschoben – wie wenn heimlich selbst homosexuelle Politiker sich vehement gegen die Rechte der Schwulen engagieren. Vor anderen gut dazustehen und als »guter Bürger« und aufrechter Geschäftsmann zu gelten, ist dem Zwanghaften sehr wichtig, doch der wahre Feind sitzt innen: ein erbarmungsloses Eltern-Ich, das den armen Zwanghaften bedroht, beschimpft und antreibt, auch wenn die Forderungen der Gesellschaft schon längst erfüllt sind.

Beruflich streben zwanghaft strukturierte Menschen oft nach Machtpositionen, die ihnen die Chance bieten, ihre verdrängten Aggressionen legitim auszuleben und zugleich als wertvolle Mitglieder der Gesellschaft anerkannt zu werden – als Richter, Polizisten, Beamte, Pädagogen oder Geistliche. Doch auch hier gibt es eine große Bandbreite, sind doch gerade zwanghaft strukturierte Menschen oft Bewahrer von Tradition und guter Sitte, die dem Wandel und dem chaotischen Werden der Welt Gesetz und (ewige) Ordnung entgegensetzen. Wenn ein zwanghafter Mensch diese Regeln lebt, anstatt sich hinter ihnen zu verstecken, ist er oft eine beeindruckende moralische Instanz.

Doch auch wenn er nur ein kleines Reich zu bewachen hat – er tut es gründlich und beständig. Wenig fürchtet der Zwanghafte mehr als Muße und Nichtstun, lässt die ungeformte Zeit doch allzu gern Verdrängtes aufsteigen. Lieber schreibt er an unzähligen To-do-Listen. Ihre Abarbeitung gehört zu seinen größten Vergnügen, gibt ihm jeder abgehakte Punkt doch das Gefühl, »etwas geschafft zu haben« und »alles richtig zu machen«.

Mehr als alle anderen Charaktere definiert sich der zwanghafte Mensch über seine Leistung. Sein Dasein ist ihm nicht selbstverständlich, sondern muss fortwährend verdient und erarbeitet werden. Darauf ist er dann aber auch ganz besonders stolz – das reicht von milder Selbstgerechtigkeit bis hin zu aggressiver Bescheidenheit. Statt hoher Ideale hat er hohe, oft diffuse

Erwartungen – was berufliches und privates Scheitern begünstig. Darauf mit Wut und Unverständnis zu reagieren treibt ihn immer stärker in Kontrolle und Zwang – was wiederum ein gelingendes Leben immer unmöglicher macht. Das ist der zwanghafte Teufelskreis.

Doch gerade wegen ihrer hohen Ansprüche und ihrer großen Selbstdisziplin sind zwanghafte Menschen oft sehr erfolgreich. Dabei sind sie eher machtbewusst als ruhmesgierig, lieber »graue Eminenz« als »strahlender Mittelpunkt«. Ihr Faktenwissen, ihre Detailverliebtheit, eine gewisse Neigung zu »objektiven« Wissenschaften empfehlen sie auch für Medizin, Forschung, Mathematik, Jura, Controlling, Steuerberatung, technische Berufe und Informatik. Ihr Perfektionismus führt allerdings oft zu Entscheidungsschwierigkeiten – wer nur die Details sieht, verliert den Blick fürs große Ganze. Doch haben sie sich einmal entschieden, sind sie kaum noch umzustimmen.

POSITIVE CHARAKTEREIGENSCHAFTEN: verlässlich, gewissenhaft, gründlich, genau, traditionsbewusst, moralisch, loyal, planend, pünktlich, gut organisiert, ordentlich, kompetent, verantwortlich, treu, stabil, ausdauernd, konsequent, bewahrend.

NEGATIVE CHARAKTEREIGENSCHAFTEN: dogmatisch, engstirnig, selbstgerecht, perfektionistisch, fanatisch, intolerant, nachtragend, ordnungshörig, kontrollsüchtig, bevormundend, machtbewusst, entscheidungsschwach, geizig, pedantisch, autoritär, cholerisch.

GRUNDKONFLIKT NACH KÖNIG: Zwischen dem Wunsch, eigene Triebwünsche ungeregelt und durch niemanden beeinflusst durchzusetzen, und dem Wunsch, jeden eigenen Triebwunsch so zu kontrollieren und zu beherrschen, dass nichts passiert, was andere und der Zwanghafte selbst aus moralischen Gründen ablehnen.

ENTWICKLUNG NACH KÖNIG: Der zwanghafte Charakter entsteht wie der phobische in der Phase der Welterkundung und Sauberkeitserziehung. Während diese zunehmende Eigenständigkeit bei den Eltern des phobischen Menschen Angst ausgelöst hat, reagierten die Eltern des zwanghaften Menschen mit Ärger. Schon früh musste dieser lernen, dass auch kleine Fehler für Kinder schreckliche Bestrafungen wie Enttäuschungen, harte Zurechtweisungen oder Liebesentzug nach sich ziehen. Um diesen Schmerz zu vermeiden, versucht der zwanghafte Charakter, es allen recht und alles richtig zu machen. Die dabei unterdrückte Wut äußert sich später oft bei der rigorosen und starrköpfigen Verteidigung aller möglichen Regelsysteme. Denn diese sind die Stützen des Zwanghaften, sein Halt in einer Welt, die er nicht unbekümmert selbst erkunden durfte.

OBJEKTBEZIEHUNG = BEZIEHUNG ZUM »ANDEREN«
NACH KÖNIG: Da der Zwanghafte wie der Phobiker kein echtes Zutrauen zu sich entwickeln konnte, ist er auf Hilfskonstruktionen angewiesen. Diese sind nicht wie beim Phobiker »lebendige Steuerungsobjekte«, sondern eher »tote« Artefakte wie Konventionen, Regeln und Traditionen. Da der zwanghafte Mensch seine unterdrückten Affekte besonders stark auf Andere verschiebt – man denke an den homosexuellen Politiker –, liebt er es, diese Affekte stellvertretend für sein Über-Ich am Anderen zu kontrollieren und oft auch zu verurteilen.

Auch sachlich kann er nicht besonders gut mit Widerspruch umgehen – macht er als Regelgläubiger die Dinge ja nicht gut oder schlecht, sondern eben richtig. Der Umstand, dass dieses »Stellvertretertum des Richtigen auf Erden« nicht nur Sicherheit, sondern auch Macht verspricht, untergräbt allerdings die vorgeblich selbstlose »Hausmeisterstellung« zwanghaft strukturierter Menschen.

ENERGIESYSTEM: Während der depressive Charakter hauptsächlich verschiebt, ist der zwanghafte zugleich auch ein Meister der Verdrängung. Ein erheblicher Anteil seiner psychischen Energie wird für die Unterdrückung unpassender Impulse, verstörender Informationen und der allgegenwärtigen Wut verwendet. Auch die Aufrechterhaltung eines starren Weltbilds kostet viel Kraft, besonders wenn es an Gleichgesinnten mangelt, auf die der Zwanghafte mehr als alle anderen Charaktere angewiesen ist. Wegen seiner mangelnden Flexibilität ist er auch eher reaktiv – Initiative und Vision gehören nicht zu seinen Stärken. Beaufsichtigen, überprüfen und kontrollieren dagegen schon, zusammen mit der Fähigkeit, alles in kleine, handhabbare Teile zu zerlegen. Dass dabei belebende Widersprüche, ambivalente Emotionen und alle Arten von Zwischentönen auf der Strecke bleiben, lässt nicht nur die innere Welt des Zwanghaften, sondern im schlimmsten Fall auch das Leben der von ihm Abhängigen verarmen.

MONOLOG ODER DIALOG: Zwanghaft strukturierte Menschen haben feste Standpunkte und Prinzipien und sind für neue Perspektiven und abweichende Meinungen nur schwer zu begeistern. Statt wirklich zuzuhören, suchen sie lieber nach Übereinstimmungen. Teilt jemand ihre Überzeugungen, fühlen sie schnell tiefe Verbundenheit und lieben es, Details und Auslegungen gemeinsam zu beleuchten.

OFFENHEIT ODER VERSCHLOSSENHEIT: Ein zwanghafter Mensch ist immer gerne bereit, seine Weltsicht darzulegen – bis hin zur fanatischen Hasspredigt. Geht es aber darum, andere Weltsichten oder Seinsweisen anzuerkennen, macht er zu und lässt sein Gegenüber manchmal sogar brutal auflaufen. Dabei muss man verstehen, dass alles, was sein Weltbild erschüttert, eine existentielle Bedrohung darstellt – ist dieses Weltbild doch das einzige, was er hat, um sein eingeschüchtertes Ich zu schützen.

VERÄNDERUNG ODER ERHALTUNG: Von allen Charakteren ist er derjenige, der am stärksten am Traditionellen und Gewohnten festhält. Als Verteidiger des allgemeinen Status quo (was häufig genug seine eigene Machtposition miteinschließt) haben zwanghafte Menschen wenig Interesse an Veränderungen. Auch Utopien mit ihrem chaotischen Potential stehen sie meist ablehnend gegenüber – bei rückwärtsgewandten und fundamentalistischen Ideologien kann das schon ganz anders aussehen. Denn während die gutmütigen Depressiven tendenziell erst glücklich sein können, wenn es allen gut geht, neigen die selbstkasteienden Zwanghaften dazu, sich erst richtig wohl zu fühlen, wenn auch kein Anderer mehr genießen kann.

BEOBACHTBARES VERHALTEN NACH KÖNIG: Zwanghaft strukturierte Menschen sind ordentlich, zuverlässig und pünktlich – außer sie müssen wieder fünfmal nach Hause zurück, um zu überprüfen, ob der Herd auch wirklich aus ist. Viele mögen keinen Small Talk, weil sie fürchten, bei diesem freien Geplänkel etwas Unkontrolliertes von sich preiszugeben. Auch schätzen sie es wenig, wenn sie ignoriert werden oder man ihnen nicht zuhört – die Autorität, mit der sich zwanghafte Menschen so bereitwillig identifizieren, muss schließlich auch von ihren Mitmenschen respektiert werden. Ihr Redeverhalten ist deshalb eher auf Kontrolle ausgerichtet – was bei den Zuhörern oft Ärger erzeugt.

VERHALTEN IN DER ARBEITSWELT NACH KÖNIG: **Arbeit ist für zwanghaft strukturierte Menschen Ausdruck ihres Selbstwertes. Dabei sind sie oft überkorrekt und pedantisch genau.**

Weil sie in der Welterkundungsphase nicht gelernt haben, mit Scheitern und Versagen umzugehen, glauben sie noch, dass es möglich ist, alles richtig zu machen, wenn man sich schön brav an die Regeln hält. Deshalb fürchten sie die Phantasie und schätzen die Empirie – Naturgesetze sind ebenso regelhaft wie Abläufe im Militär oder in großen Unternehmen.

Dabei sind zwanghafte Menschen in ihrem überrationalen Ordnungsbedürfnis schon wieder vollkommen irrational. Diese inhärente Lächerlichkeit ist ihnen meist nicht bewusst – braucht doch Humor eine »zweite Ebene«, die der typisch zwanghafte Mangel an Selbstreflexion und ihr oft völliger Verzicht auf alle Phantasien, die nicht der Stabilitätssicherung dienen, kaum aufkommen lässt.

Zwanghaft strukturierte Menschen sind ernst, sachlich und wenig kreativ. Im besten Fall sind sie würdevolle Vertreter von Recht und Ordnung, im schlimmsten Fall verbringen sie ihre Nachmittage mit dem

Kämmen von Teppichfransen. Ihr Ordnungsbedürfnis dient aber nicht der Außenwelt, sondern hält vor allem das eigene unterdrückte Chaos in Schach. Viele Zwanghafte verfallen deshalb auch einem Kontrollwahn, unter dem dann besonders die Umgebung zu leiden hat. Weil dabei meist ziemlich viel »Unterdrückungsenergie« im Spiel ist, ist auch die Kontrolle oft einschüchternd, fast gewalttätig.

Um zu kontrollieren, muss man ständig Unterscheidungen treffen – wie zwischen erwünschtem und unerwünschtem Verhalten. Während der Schizoide in seinem Absolutheitsanspruch und mit seiner Suche nach Gleichgesinnten die Bäume vor lauter Wald nicht sieht, mangelt es dem kleinteiligen Zwanghaften definitiv an Wald. Das große Ganze ist seine Sache nicht. Stattdessen: teile und herrsche. Was nicht heißt, dass der Zwanghafte nicht gerne Teil einer lokalen Struktur ist: Am wohlsten fühlt er sich, wenn es über ihm und unter ihm noch Menschen gibt, die ihn kontrollieren und die er kontrolliert, so dass sichergestellt ist, dass wirklich alles seine Richtigkeit hat. Kollegiale Zusammenarbeit auf Augenhöhe ist dagegen seine Sache eher nicht.

VERHALTEN IN INSTITUTIONEN NACH KÖNIG: Zwanghafte kommen nur in leitende Positionen, wenn ihre Ambivalenzen und die Neigung, sich in Details zu verlieren, nicht zu ausgeprägt sind. Sind sie einmal Chefs geworden, neigen sie dazu, sich von jeder

neuen Situation – oder neuen Arbeitsumgebung –
sofort ein festes Bild zu machen. »Den Laden erst einmal laufen zu lassen«, sich zurückzuhalten und zu
beobachten liegt ihnen fern. Wenn der zwanghaft
strukturierte Mensch sich einmal ein Bild gemacht hat
(oder eine Entscheidung getroffen, einen Menschen
gewählt usw.), bleibt er dabei und erwartet das auch
von den Anderen. Dabei zählt nur eine Meinung:
seine.

Was nicht ganz stimmt, denn jeder Zwanghafte
würde darauf verweisen, dass es ungeachtet alles Persönlichen einfach nur die *richtige* Meinung sei. Wer
widerspricht, wird ziemlich schnell entlassen, Kreativität, Kompetenz und Erfahrung sind Gehorsam und
Linientreue untergeordnet. Trotzdem werden neue
Ideen manchmal gefördert, aber nur, wenn sie in die
vom Zwanghaften vorgegebene Gesamtausrichtung
passen.

Ein zwanghaft strukturierter Chef kann ein konstruktives und gedeihliches Klima erzeugen – der
Zwanghafte will Zucht und Ordnung, keine kalte
Anbetung wie der Narzisst. Doch zwanghaftes Ordnungsstreben darf wie das hysterische Chaos ein
gewisses Maß nicht überschreiten. Passiert das,
werden Konflikte an Nebenschauplätzen ausgetragen und es kommt zu großem Streit wegen kleinster Dinge – vom verstopften Kopierer über den ungemachten Abwasch hin zu verschwundenen
Büroklammern.

Ihr Wunsch nach Kontrolle lässt zwanghafte Chefs oft versuchen, den eigenen Machtbereich auszudehnen. Sie sitzen gerne in Vorständen und Gremien und lassen ihre erweiterte Machtfülle auch gerne ihren Mitarbeitern zugutekommen. Die Macht wieder abzugeben, schmerzt sie, aber sie akzeptieren Dinge wie ihre Pensionierung zugleich als Notwendigkeit. Das Altern verstärkt ihre rigiden Tendenzen. Neues wird jetzt fast vollständig abgelehnt bei gleichzeitig verdrängtem Neid auf jüngere, »kreative« Kollegen. Viele »Jüngere« bleiben ihren zwanghaften Exchefs dennoch verbunden, weil sie »Formales« von ihnen gelernt haben und ihre gründlichen Kenntnisse zu schätzen wissen.

UMGANG MIT RESSOURCEN: Alle Menschen neigen dazu, sich selbst so zu behandeln, wie sie als Kind behandelt worden sind. Das betrifft in besonderem Maße zwanghaft strukturierte Charaktere. Ein tiefes Misstrauen sich selbst gegenüber, das sich bei jedem kleinen Scheitern bestätigt, vermischt sich mit überzogenen Erwartungen, strengen Moralvorstellungen und einseitigem Leistungsdenken zu einem umfassenden Gefühl der eigenen Wertlosigkeit. Umso wichtiger werden Macht, Status und alle Formen der Selbstlegitimation.

Doch ebenso beständig, wie er sich entwertet, kann der Zwanghafte sich auch aufwerten. Jede Abkehr vom eigenen Wünschen und Wollen bietet die Chance, die angelernte Missachtung der eigenen Gefühle, Lüste und Wünsche durch liebevolle Selbstannahme zu ersetzen.

Das große Thema des Zwanghaften ist deshalb Vertrauen – sich selbst, den Anderen und der Welt zu vertrauen und sich Stück für Stück dem Unbekannten zu öffnen. Dabei ist es wichtig, das eigene Sicherheitsbedürfnis ernst zu nehmen, kleine Schritte zu machen und Rückschläge nicht als Versagen, sondern als Justierungen und Erprobungen zu sehen.

Kontrollierter Kontrollverlust und kleine, folgenlose Genüsse sind erste Einladungen an das eingeschüchterte Selbst. Meditationen helfen, den gehetzten Geist zu beruhigen. Szenarien nicht nur zu planen und abzusichern, sondern bis hin zu den schlimmsten Konsequenzen geistig durchzuspielen und vielleicht auch durchzusprechen hilft, die namenlose Angst vor dem Scheitern zu lindern – was ist denn das Schlimmste, was passieren kann, und was würde es bedeuten, wenn es einträte? Dieses Zu-Ende-Denken fördert bewusste Entscheidungen und damit ein Gefühl von Macht und Verantwortung.

Depressive und zwanghafte Menschen gehören zu den gehorsamsten Charakteren, doch während erstere eher passiv nachfolgen, sind letztere aktiv gehorsam, wobei ihr fanatischer Furor meist verbirgt, dass sie sich damit gerne vor einer eigenen Haltung drücken. Folgsame Befehlsempfänger, Bürokraten und Handlanger neigen dazu, ihr eigenes Gewissen an eine äußere Autorität abzugeben. Auf die Frage: »Warum hast du das getan?«, antworten sie häufig: »Weil man es mir befohlen hat.«

Daher geht es für zwanghaft strukturierte Menschen vor allem darum, die eigenen Überzeugungen immer wieder zu hinterfragen – »Woher weiß ich das?«, »Was bedeutet das und was hat es für reale Konsequenzen?«, »Will ich das wirklich?« – und so lange Hingenommenes langsam in aktiv Selbstgewähltes zu verwandeln.

Das stärkt nicht nur das Selbstvertrauen, sondern auch die Eigenverantwortung und gibt dem Zwanghaften zurück, was ihm am meisten fehlt: Macht über sein eigenes Leben anstatt (vorgebliche) Macht über Andere.

ÜBERLEGUNGEN ZUM UMGANG: In einem Wort: Bestätigen.

So wie hinter den lästigen Klagen des Depressiven echtes Leid steht, das anerkannt und verstanden werden will, steht hinter den Kontrollwünschen des zwanghaften Menschen echte Unsicherheit. Diese Charaktere sind nicht nur besonders treu und verlässlich, sondern brauchen ebenfalls ein besonderes Maß an Verbindlichkeit – und bestenfalls einen Partner, der sie zu Genuss, Lebenslust und Leichtigkeit verführt. Hysterisch strukturierte Menschen sind für Letzteres prädestiniert, können aber wegen ihrer sprunghaften Art und ihrem Opportunismus die entflammten

Zwanghaften in dunkle Abgründe stürzen. Ausgenutzt zu werden bestätigt deren tief empfundene Wertlosigkeit. Doch anders als bei depressiven Menschen verwandelt sich bei zwanghaften Charakteren dieser Schmerz oft in Wut – Gewalt und Rache je nach Temperament inklusive. Narzissten sind keine idealen Partner und Schizoide und andere Zwanghafte nur kompatibel, wenn sich gewisse Überschneidungen des Weltbilds ergeben – sonst ringen zwei Rechthaber bis zum bitteren Ende. Phobiker und Depressive hingegen passen gut zu zwanghaft strukturierten Menschen, deren Schwerkraft ihre Unsicherheiten und Ängste erdet und ihnen Sicherheit gibt.

Zwanghafte Menschen haben ihre Gewohnheiten, die man akzeptieren sollte. Dazu gehören auch kleine Tics, obskure Sammlungen und unverständliche Rituale. Ebenso ist nicht ratsam, alles auszudiskutieren oder sich gar auf Machtkämpfe einzulassen. Schwerfälliges manövriert man subtil, nicht direkt. Und seltsamerweise sind gerade diese starrsinnigsten aller Charaktere besonders empfindsam für emotionales Zartgefühl.

Doch obwohl zwanghafte Menschen nicht nur tatsächlich liebesfähig und zutiefst loyal sind, fällt es ihnen schwer, ihre eigene Zuneigung auszudrücken – von allen anderen Gefühlen ganz zu schweigen. Deshalb ist es wichtig, der zwanghaft strukturierten Partnerin oder dem Partner immer wieder Einblick in die eigene Gefühlswelt zu geben und ihr oder ihm dabei zu zeigen, dass man auch ohne Liebesverlust verletzlich sein kann.

Zwanghafte Charaktere sind Gewohnheitstiere – gewissenhaft und berechenbar. Da sie sich selbst so wenig Sicherheit geben können, berufen sie sich gerne auf Ordnungen und Traditionen. Ihre Autorität wird dadurch gestützt und oft auch erst erzeugt. Diese Autorität trotzdem anzuerkennen und dem Sicherheitswunsch des Zwanghaften mit Freundlichkeit, Verständnis und Respekt entgegenzukommen, ist nicht nur privat, sondern auch beruflich ratsam. Erst wenn man versteht, wie sehr sich dieser Charaktertyp vor fremden Ideen, neuen Perspektiven und allen Formen von Veränderungen fürchtet, kann man mit angemessenem Feingefühl vorgehen. Einem solchen Menschen behutsam zu vermitteln, dass ein neues Vorhaben sein Wertesystem bereichert und nicht bedroht, ist der beste Weg, gemeinsame Projekte zu ermöglichen.

HÖRT AM LIEBSTEN: »Sie haben alles richtig gemacht.«

DER PHOBISCHE CHARAKTER
»Ich fürchte, dass…«

Während die Weltsicht des zwanghaft strukturierten Menschen von Geboten und Verboten geprägt ist, erscheint die Welt des phobischen Charakters voller Gefahren. Phobische Menschen leiden an einer tiefen Unsicherheit, die der zwanghaften Gewissheit fast diametral gegenübersteht. Denn während über deren Welt ein allzu klares Raster lag, an welches sich das Kleinkind anpassen musste, war die phobische Welt ein Ort namenloser Schrecken: »Es ist nicht sicher da draußen.«

Schon früh machen sich phobische Menschen deshalb auf, diese amorphen Bedrohungen zu katalogisieren. Doch gerade diese symbolische Bannung, getragen von ihrem oft großen sprachlichen und imaginativen Geschick, verhindert jede echte Konfrontation mit der Angst – von deren Überwindung ganz zu schweigen. Denn wenn man seine Ängste kennt, muss man sich ihnen ja nicht mehr stellen. Lieber richtet man sich irgendwo ein gemütliches Plätzchen ein, wo man vor der gefährlichen Welt geschützt ist.

Entwicklungspsychologisch sind auch phobische Charaktere durch einen Mangel an Zutrauen in sie geformt worden, und das zu genau der Zeit, in der sie sich »raumerkundend und territorial« als kompetent im Umgang mit der Wirklichkeit hätten erfahren müssen. Doch während die Eltern des zwanghaften Charakters auf kindliches Fehlverhalten mit Ärger reagierten (»Hast du schon wieder etwas dreckig gemacht!«), waren die Welterkundungsversuche des phobischen Charakters Gegenstand elterlicher Angst (»Pass auf, dass du nicht hinfällst und dir weh tust!«). Deshalb haben phobische Menschen große Zweifel an ihrer Fähigkeit, sich selbständig in der Welt zurechtzufinden. Es mangelt ihnen an Handhabe, an körperlichem und sinnlichem statt nur geistigem Begreifen. Das äußert sich oft in einem Gefühl tiefer Machtlosigkeit.

Zugleich mit dem Außenraum wird auch der eigene Körper als Raum erfahren – die Prägung des Phobikers fällt in die Phase der Sauberkeitserziehung.

Einstellungen zu allen Arten von Schmutz werden in Familien über Generationen tradiert. Der phobische Mensch lernt schon früh, dass es für ihn und für die anderen am besten ist, wenn er so wenig Spuren wie möglich hinterlässt. Während Hysteriker die Schmetterlinge unter den Charakteren sind, gleichen phobische Menschen blassen Gespenstern, die ein festes Gemäuer, also steuernde Objekte und klare Orientierungspunkte brauchen, um in Frieden hausen zu können – immer darauf bedacht, nicht aufzufallen, sich nicht weh zu tun und bloß keinen Ärger zu machen. Und keinen Schmutz. Meist trauen sich phobisch strukturierte Menschen weniger zu, als sie leisten könnten. Wenn sie ins Offene hinein handeln müssen, erleben sie diffuses bis unerträgliches Unbehagen.

Da sie sich selbst als besonders schwach, unselbständig und gefährdet empfinden, erscheint ihnen die Welt zugleich rätselhaft und riesengroß. Darauf reagieren sie mit einer gut gehegten Schutzzone, ihrer eigenen kleinen Welt. Der phobische »Miniaturmensch« hat von allen Charakteren den geringsten Umkreis. Während Hysteriker in ihrer Sehnsucht nach Glanz mit den Sternen wetteifern, und Schizoide die Welt aus den Angeln denken, spielen Phobiker am liebsten in ihrem selbstgeschaffenen Puppenhaus.

Dabei ist ihre eigene Welt zwar kleiner, aber ungleich farbiger als die ihrer zwanghaften Mitmenschen – beginnend mit ihren oft phantastisch ausgeschmückten Ängsten, die dadurch zwar nicht weniger, aber eindeutig schillernder werden.

Phobische Charaktere wurden von den meist überbehütenden Eltern zwar nicht in ihrer Selbständigkeit unterstützt, aber durchaus in ihren emotionalen Bedürfnissen anerkannt. Deshalb sind ihre Gefühle und Triebimpulse weniger verdrängt als beim zwanghaften Charakter. Oft jedoch macht ihnen gerade dieses immer wieder aufsteigende Wollen besonders Angst. Anderseits können sie diese Begierden innerhalb ihrer eigenen geschützten Welt manchmal genüsslich ausleben – viele Phobiker haben ein sehr gepflegtes Zuhause, eine unauffällige, aber ausgesuchte Garderobe und besondere Freude an gutem Essen und anderen schönen Dingen des Lebens.

Doch auch ihr Genießen ist klein, fast schüchtern,

und stets fragt die innere Stimme leise: »Darf man das?« Denn wichtiger als die eigene Freude ist dem phobisch strukturierten Menschen die eigene Sicherheit. Seine Angst vor der Welt ist echt und tief, und sein Alltag ist bestimmt von Vorahnungen und Vorkehrungen. Dabei sind die Schreckensszenarien der Phobikers ähnlich elaboriert wie die Klagesymphonien der Depressiven.

Phobiker leiden an negativem magischen Denken, an einer permanenten Selbstverzauberung durch imaginäre Bedrohungen. Der Schriftsteller Mark Twain sagt dazu: »In meinem Leben habe ich unvorstellbar viele Katastrophen erlitten. Die meisten davon sind nie eingetreten.«

Die darunterliegende Lebensangst, der immer auch eine Konfrontation mit der eigenen Endlichkeit zu Grunde liegt, findet hier besonders kunstvolle Verschiebungen: ob Flugangst oder Spinnenphobie, ob Unbehagen beim öffentlichen Sprechen oder auf Partys, ob übertriebene Vorsicht, exzessive Planung oder voluminöses Reisegepäck, das tatsächlich alle Eventualitäten berücksichtigt.

In den unterschiedlichen Ängsten des phobisch strukturierten Menschen – *phobos* ist das griechische Wort für Angst – zeigt sich auch das phobische Paradox: Der Phobiker ist einerseits außergewöhnlich kostbar, zerbrechlich und schützenswert, aber andererseits verdient er keine Beachtung und keine Aufmerksamkeit. Ersteres erhält ihn, Letzteres bannt ihn und zwingt ihn zurück in seinen beschränkten Radius. Will er sich bewegen, braucht er jemanden oder etwas, das ihm Halt gibt. Diesen Bezugspunkt nennt König das Steuerungsobjekt. Einem Steuerungsobjekt zu folgen heißt, sich in dessen Kielwasser zu befinden – wie wenn man hinter jemandem über eine dicht befahrene Straße geht oder sich an jemanden hängt, der sich einen Weg durch die Menge bahnt.

Während zwanghafte Menschen sich an Regeln und Vorschriften orientieren, sind phobische Menschen eher personen- als sachbezogen: Verspricht doch ein anderer Mensch oder eine klar definierte Gruppe ein größtmögliches Maß an persönlicher Sicherheit. Anderen zu folgen, zu dienen und für sie zu leben befreit den Phobiker von der angstbesetzten Aufgabe, das eigene Leben in die Hand zu nehmen.

Doch es reicht eben nicht, nur Echo zu sein, sondern jeder Mensch ist aufgerufen, seine eigene Stimme zu finden. Deshalb kann sich im Phobiker, besonders in späteren Jahren, eine ziemlich berechtigte Angst ausbreiten – die Angst, das eigene Leben nicht selbst gelebt zu haben. Vor dieser existenziellen Angst im Sinne Kierkegaards und Heideggers davonzulaufen macht sie letztlich nur noch schlimmer – das ist der phobische Teufelskreis. Zurück bleibt eine zunehmende Bitterkeit, die oft von ausgesuchter Höflichkeit und einem immer liebenswürdigeren Manierismus verdeckt wird.

Die Freude an Konventionen verbindet Phobiker und Zwanghafte; doch das wahre Reich der Blassen ist der Alltag. Niemand telefoniert so gerne über Kleinigkeiten, umkränzt Anreise und Abreise mit Ritualen und kommunikativen Bestätigungen und niemand fragt so gerne um Rat: Ob man die Hose anziehen soll, ändern, waschen oder weggeben? Ob es heute Pudding oder Kuchen zum Nachtisch geben soll? Und ob man es gut gefunden hat, gut angekommen ist und wie das Wetter war?

Phobiker sind Meister des Small Talks und lieben das Gemütliche, Verbindliche, das darin steckt. Sie scheuen das Tiefe, Jähe und durchaus Ehrliche der schizoiden Kommunikation, die damit ein Gegenüber fordert, aber können durchaus Spaß dabei haben, einem gut gelaunten Hysteriker bei seinen glanzvollen Ausführungen zu folgen. Wie depressiv strukturierte Menschen haben sie eine Tendenz, durch Andere zu leben: »Wie ist es gewesen?«, »Was hast du gemacht, gesprochen, gekauft?« – und vor allem: »Zeig doch mal!« All das geschieht mit der größten Liebenswürdigkeit. Denn während der Zwanghafte kontrolliert und abfragt, ist der Phobiker aufmerksam und freundlich und sein Interesse rücksichtsvoll und zart – wobei auch er natürlich versucht, seine oder seinen »Anderen« immer stärker an sich zu binden. Verlassen zu werden und alleine sein zu müssen ist auch des Phobikers allergrößte Angst. Doch anders als der Depressive bindet er sich nicht bis zur völligen Selbstaufgabe, sondern zieht sich im Falle eines Falles einfach weiter in seine eigene Welt zurück, die dadurch kleiner und kleiner wird.

In der Liebe sucht der phobische Mensch vor allem Sicherheit, Verlässlichkeit und Wertschätzung. Wer es schafft, dem phobischen Paradox mit entsprechender Nachsicht zu begegnen, findet einen umsorgenden und feinfühligen Partner mit großem Talent, die kleinen Dinge des Lebens zu genießen. Phobisch und depressiv strukturierte Menschen sind die hingebungsvollsten Liebenden. Doch beiden ist gemein, dass sie aufpassen müssen, nicht ausgenutzt zu werden.

Denn da der vorsichtige Phobiker die unangenehmen Seiten des Daseins oft erfolgreich vermieden hat, besitzt er kaum Verteidigungsmechanismen. Wenn überhaupt, sind sie eher geziert und kindisch: schmollen, tadeln oder entsetzt den Kopf schütteln. Deshalb hat dieser rücksichtsvollste aller Charaktere selbst die meiste Rücksicht nötig. Dass er in seinen Beziehungen vor Ausnutzern, Blendern und allzu Hungrigen tatsächlich auf der Hut sein muss, hilft eher wenig bei der Angstüberwindung. Auch hat dieser Charaktertyp große Schwierigkeiten, gut mit Scheitern, Enttäuschungen und negativen Emotionen umzugehen. Auf die unvermeidlichen zwischenmenschlichen Verletzungen reagiert der phobische Mensch deshalb oft mit fast kindlicher Anklage: »Wie konnte man mir das nur antun?«

Anstatt sich dann der Situation zu stellen, zieht er sich zurück und wird noch blasser, vorsichtiger und ängstlicher. Das ist eine weitere Variante des phobischen Teufelskreises: Je mehr er sich sorgt, je mehr er sich zurückzieht, desto unfähiger wird er, sich der Welt zu stellen – und desto unerfreulicher können seine sozialen Erfahrungen werden. So wird phobische Sorge langsam zur selbsterfüllenden Prophezeiung und ängstliche Vorsicht zur alternativlosen Strategie.

Phobisch strukturierte Menschen haben eine gute Beobachtungsgabe und ein großes Talent für Zukunftsszenarien. Ihre lebhafte und präzise Phantasie macht sie zu guten Versicherungsmaklern, Journalisten und Schriftstellern. Denn obwohl sie lieber im Team als alleine arbeiten, können sich vor allem künstlerisch begabte Phobiker auch gut hinter ihrer Arbeit verschanzen. Denn sie bevorzugen wie die Schizoiden den vermittelten Kontakt zu ihrer Umwelt, doch anders als ihre eigensinnigen Mitcharaktere haben sie dabei auch große Lust an Emotion und Konvention.

Ihr Gespür fürs Häusliche kann sie in die Inneneinrichtung führen, zum Kochen oder zum Immobilienmakeln – niemand kann sich besser in die Sorgen und Ängste der Hauskäufer einfühlen. Auch für den Umgang mit Kindern haben viele phobisch strukturierte Menschen ein besonders gutes Gespür.

Trotz einiger meist künstlerischer Ausnahmen arbeiten Phobiker nicht gerne alleine – wie sie auch sonst alle Formen echter Selbständigkeit zu meiden versuchen. Oft sind sie deshalb treue und loyale Angestellte, denen die Sicherheit und Geborgenheit einer Struktur wesentlich wichtiger ist als Selbstverwirklichung. Dabei haben sie ein besonders Talent fürs Telefonieren: Jemanden in sicherer Distanz und trotzdem ganz nah zu wissen, entspricht ihrem widersprüchlichen Wesen.

POSITIVE CHARAKTEREIGENSCHAFTEN: loyal, treu, verlässlich, freundlich, unterhaltsam, höflich, einfühlsam, feinsinnig, kooperativ, anpassungsfähig, guter Beobachter, empathisch, vorsichtig, sicherheitsbewusst, besonnen, rücksichtsvoll, sensibel.

NEGATIVE CHARAKTEREIGENSCHAFTEN: ängstlich, obrigkeitshörig, unselbständig, »graue Maus«, »Mauerblümchen«, lässt sich ausnutzen, gehemmt, zögerlich, befangen, verklemmt, prüde, vorwurfsvoll, feige, verstohlen, boshaft, rückgratlos.

GRUNDKONFLIKT NACH KÖNIG: Zwischen dem Wunsch, die eigenen Triebwünsche auszuleben, und, wie beim Zwanghaften, dem Wunsch, sozial akzeptiert zu sein.

OBJEKTBEZIEHUNG = BEZIEHUNG ZUM GEGENÜBER NACH KÖNIG: Phobische Menschen orientieren sich trotz aller Konventionalität und Vorsicht nicht nur an Regeln, sondern vor allem an anderen Menschen – ihren »Steuerungsobjekten«. Statt des depressiven Verschmelzungswunsches reiten sie dabei eher »huckepack«. Im Windschatten dieses neuen »Eltern-

Ichs« trauen sie sich durchaus zu, die Welt schrittweise neu zu erkunden. Wird dieses Vertrauen missbraucht oder gestört, drohen sozialer Rückzug und verschiedene Angsterkrankungen.

In einigen Fällen kann auch die Arbeit die Rolle des Steuerungsobjektes übernehmen – das gilt aber meist nur für künstlerische Berufe wie Schriftstellerei und Schauspiel. Denn auch hinter seinen Projekten kann man sich gut verstecken. Erfolgreiche Phobiker fügen der Welt zudem etwas ganz Besonderes hinzu: schüchterne Berühmtheit und bescheidene Größe.

ENERGIESYSTEM: Der phobische Mensch orientiert sich zwar an seinem Steuerungsobjekt, hat aber in seiner eigenen kleinen Welt durchaus die Möglichkeit zu eigenständigem Genießen. Das geht allerdings nur, wenn er sich einigermaßen sicher fühlt. Wenn das nicht der Fall ist, füttert er seine Ängste. Zum einen, indem er sie vermeidet – das kann von alltäglichen Beeinträchtigungen (»Die U-Bahn ist nicht sicher«) zu massiven Wahnvorstellungen reichen (»Wenn ich auf die Straße gehe, stecke ich mich mit einer gefährlichen Krankheit an«).

Doch auch das Durchdenken, Durchleiden und unablässige Durchspielen aller möglichen Bedrohungen kann den Phobiker geradezu auffressen – diese aufgescheuchte Selbsthysterisierung hat von außen etwas durchaus Komisches, von innen ist sie eine Qual. Schlimmstenfalls werden dadurch die Ängste selbst zum Steuerungsobjekt des phobischen Menschen, und er wirft ihnen seine Zeit, seine Energie und schließlich sein gesamtes Leben zum Fraß vor.

MONOLOG ODER DIALOG: In der Kommunikation mit anderen sind phobisch geprägte Menschen am liebsten Echo. Dabei haben sie die besondere Fähigkeit, auch positive Emotionen ehrlich zu teilen und sich aufrichtig am Erfolg des Anderen zu freuen. Sie lieben »Bestätigungsgespräche« und können ausführlich von der Wetterlage, dem Mittagessen oder ihrem letzten Kinofilm erzählen. Wer sich nicht nur an ihrer Fähigkeit des Zuhörens labt, sondern auch vermag, sie zum Sprechen zu bringen, entdeckt oft eine komplexe, tiefgründige und wohldurchdachte Weltsicht – muss man doch von allem Kenntnis haben, um sich auf die richtige Weise vor allen möglichen Gefahren zu schützen. Wenn man das Vertrauen phobischer Menschen gewonnen hat, sind sie deshalb oft besonnene Ratgeber.

OFFENHEIT ODER VERSCHLOSSENHEIT: Der phobische Mensch mag andere Menschen und bringt einigen von ihnen großes Vertrauen entgegen. Generell ist er aber eher ein verschlossener Charakter, da es ja auch immer eine erhöhte Verletzlichkeit bedeutet, sich zu öffnen. Lieber bleibt er beim charmanten Geplauder. Doch da die Sehnsucht, gesehen und verstanden zu werden, manchmal übermächtig wird, kommt es trotz aller Selbstbewahrungswünsche gelegentlich zu »Dammbrüchen« (»Alles ist aus ihm oder ihr herausgesprudelt«).

VERÄNDERUNG ODER ERHALTUNG: Phobische Charaktere haben Angst vor Veränderungen. Das Vertraute schafft Vertrauen, und Neues ist, wie damals als Kind, als die Welt neu war, potentiell gefährlich und kann allerhöchstens ganz langsam und sehr vorsichtig erkundet werden. Das phobische Misstrauen allem Neuen gegenüber wird aber vom Vertrauen zu seinem Steuerungsobjekt aufgehoben. Sollte dieses sich in wilde Utopien und politische Träumereien stürzen, ist der Phobiker trotz schlimmster Bedenken mit dabei – um ja nicht den engen Kontakt zu seinem »Sicherheitsmenschen« zu verlieren. Denn während die Zwanghaften die klassischen politischen Mitläufer sind, gleichen phobische Menschen eher hausgebundenen Geistern, die nicht allzu weit von ihrem »Objekt« herumspuken dürfen. Diese blinde Loyalität kann die Ängstlichen ebenso gut in obskure Sekten wie in Kriegsgebiete führen – oder auf eine »unerwartete Reise« weg vom schönen Auenland.

BEOBACHTBARES VERHALTEN NACH KÖNIG: Der wortgewandte Phobiker spricht fast hypnotisch; er hält den Gesprächspartner dabei fest und zugleich auf Distanz. Wenn er überhaupt spricht – seine Ängstlichkeit lässt ihn oft schweigend dabeisitzen. Nur große

Vertrautheit oder die Anwesenheit eines »Steuerungsobjekts«, also eines Menschen, der für sein kindliches Ich die Verantwortung übernimmt, gibt ihm genügend Sicherheit, sich zu äußern. Wenn er das tut, hört man ihm gerne zu. Auch sonst ist er eine zugleich unauffällige und erfreuliche Erscheinung – da ihm außerordentlich wichtig ist, was Andere von ihm denken, würde er sich nie nachlässig kleiden oder sonst für Aufsehen sorgen. Stattdessen nutzt er seine gute Beobachtungsgabe, um möglichst nicht aufzufallen – ein klassischer »Tapetenmensch«. Dass diese gute Tarnung ihn allerdings auch vor der ersehnten *positiven* Aufmerksamkeit seiner Mitmenschen verbirgt, gehört zu seinen größten Kümmernissen.

VERHALTEN IN DER ARBEITSWELT NACH KÖNIG: Phobiker sind oft sehr angenehme Menschen – wollen sie doch alle Konflikte vermeiden. Devoter als die Depressiven, hüten sie sich auch davor, ihren Mitmenschen durch lautes Klagen auf die Nerven zu gehen. Doch ähnlich wie diese brauchen sie Motivation und Antrieb von außen. In der Gegenwart eines Steuerungsobjekts arbeiten sie unauffällig und produktiv, vorausgesetzt, sie erhalten ständige Rückmeldungen. Die können ebenso von einer Institution oder von einer Gruppe von Leuten kommen – auch ein Team kann die Funktion des steuernden Objekts übernehmen. Der Impuls, selbst etwas zu tun, macht ihnen Angst – doch anders als die Depressiven, die meist nur arbeiten, weil ihr Gewissen oder ihre Idealvorstellungen es befehlen, spüren sie noch solche Impulse bzw. Selbstwirksamkeitswünsche. In jedem und jeder Einzelnen von ihnen schlummert die Möglichkeit zu mehr Eigenständigkeit. Oft aber kommt es bei einer neuen Aufgabe oder bei einer neuen Begegnung zur Wiederholung des immer gleichen ängstlichen Rückzugs und damit zu Versagen und Enttäuschung statt Wachstum und Bewältigung.

Weil der phobische Mensch aber so schlecht mit sich alleine sein kann, sucht er kurz darauf wieder Anschluss an die Anderen – unter völliger Missachtung seiner eigenen Möglichkeiten. Das ist die berufliche Variante des phobischen Teufelskreises.

VERHALTEN IN INSTITUTIONEN NACH KÖNIG: Phobisch strukturierte Menschen kommen selten in Chefpositionen, auch wenn sie diese bewusst anstreben. Denn unbewusst vermeiden sie Beförderungen, ist doch der »Erste« ihr steuerndes Objekt und bietet die zweite Reihe wesentlich mehr Sicherheit.

Sollte ein phobischer Mensch gerade wegen seines Rufes als exzellenter Teamplayer sogar auf einem Chefsessel gelandet sein, hängt das Gelingen davon ab, ob es ihm möglich ist, die Institution oder die Firma zu seinem steuernden Objekt zu machen. Zugleich hat er aber den unterdrückten Wunsch, Andere zu steuern, endlich selbst »Eltern-Ich« zu werden. Dabei kann er sich als ängstlich-einengend oder kontraphobisch-überfordernd erweisen – wie eine Mutter, die ihrem Kind zu viel oder zu wenig zutraut. Zudem neigt der Phobiker wie der Depressive dazu, seine meist ängstlich gefärbten Stimmungen gleichsam »auszustrahlen«. Damit kann er im Lauf der Zeit ganze Abteilungen verdüstern.

Im besten Fall ziehen sich phobische Chefs einen Kreis aus kompetenten Mitarbeitern heran, die für sie als Steuerungsobjekte funktionieren und mit denen sie sich praktisch und nicht auf dem Papier die Verantwortung teilen können. Das kann zu außerordentlich fruchtbaren und kreativen Phasen führen.

Über die Grenzen ihrer Institution greifen phobische Menschen selten hinaus. Sie sind keine Oberflächenbesiedler, sondern Tiefenbohrer, die sich am liebsten in ihrem klar umrissenen und gesicherten Bereich ausbreiten. Den Abschied von ihrer Institution sehen sie mit Sorge – was wird ihnen dann die Tage strukturieren? Deshalb bemühen sie sich oft, ihre Tätigkeit auf Kongressen oder durch Publikationen weiter auszudehnen.

UMGANG MIT RESSOURCEN: Während zwischen dem Zwanghaften und der Welt ein Netz aus Regeln und Verboten steht, kann dem phobisch strukturierten Menschen theoretisch alles Anlass zu möglicher Angst werden. Diese Ängste sind so durchdacht und ausformuliert, dass sie den Phobiker wie ein Spinnennetz umfangen, genährt von seiner Lebenskraft.

Doch das, was ihn fesselt, erzeugt auch der Phobiker letztlich selbst. Während sich der Zwanghafte permanent selbst anschreit und einschüchtert, macht sich der Phobiker fortwährend Angst. Und dass darin auch ein perverses Behagen liegen kann, macht es nicht leichter, davon Abstand zu nehmen. Für beide Charaktere stellt sich deshalb in besonderem Maße die Aufgabe, ihr Energiesystem wieder unter Kontrolle zu bringen.

Das große Thema des phobischen Menschen ist die Konfrontation mit seiner existenziellen Angst und ihren vielen Verschiebungen. Das Nachdenken und Annehmen der eigenen Sterblichkeit gibt dem Dasein Gewicht und Tiefe und verbindet uns mit der Materialität der Welt. Das Leben ist kurz, Entscheidungen müssen getroffen und Konsequenzen ertragen werden. Der Phobiker allerdings hat es sich in einem kontrollierbaren Abstand zum Leben bequem gemacht, der ihn von eben diesem Leben trennt. Bis er beschließt zu springen.

Durch Hingabe, Mut und Vertrauen kann der Knoten des phobischen Paradoxes gelöst werden. Die übertriebene Selbstwertschätzung und -bewahrung kann sich in die Gewissheit verwandeln, dass das eigene Leben kostbar ist und deshalb verdient, selbst gelebt zu werden. Die gegensätzliche Selbstentwertung kann kontraphobische Energie erzeugen: »Wenn mich schon niemand beachtet, habe ich auch nichts zu verlieren.«

In phobisch strukturierten Menschen ist alles schon angelegt – die Sorge um sich, die Freude am Leben zusammen mit einer gewissen distanzierten Geringschätzung, die sich blitzschnell in große Entschlossenheit verwandeln kann. Doch niemand kann ihm abnehmen, sich selbst und sein Dasein zu wollen. Der phobische Mensch muss sich selbst zur Welt bringen.

Denn wie der große Ängstliche Franz Kafka in seinem Tagebuch schrieb: »Gibt es eine Seelenwanderung, dann bin ich noch nicht auf der untersten Stufe. Mein Leben ist ein Zögern vor der Geburt.«

ÜBERLEGUNGEN ZUM UMGANG: Mit einem Wort: Beruhigen.

Phobische Menschen lieben Routinen, Rituale und Gewohnheiten. Ob es ihre eigenen sind oder ob sie dabei ihrem Steuerungsobjekt folgen, spielt kaum eine Rolle. Sie benutzen ihre Partner, um sich hinter deren Rücken vor der Welt zu verstecken. Im schlimmsten Fall bleiben sie dabei in kindlicher Abhängigkeit, im besten Fall entwickeln sie im Schutz des oder der liebsten Menschen tastend und vorsichtig ein Gefühl für die eigenen Bedürfnisse und deren konkrete Umsetzung. Dabei bedürfen die zaghaften Phobiker mehr als alle anderen Charaktere der Ermutigung. Gegen den Abgrund der elterlichen Besorgnis hilft nur eine geballte Ladung Zutrauen und Zuversicht.

Hilfreich ist es auch, die komplexen phobischen »Was-wäre-wenn«-Szenarien gemeinsam durchzuspielen und Schritt für Schritt zu entkräften. Beziehungen sind deshalb für den stets zu furchtsamen Spinnereien neigenden phobischen Menschen lebenswichtig, und wenig ist trauriger als ein Blasser, der sich aus Lebensangst schließlich ganz der Welt verschließt.

Trotzdem lauern auch in der Liebe mannigfaltige Gefahren, und besonders hungrige Narzissten sollten unbedingt vermieden werden. Mit den selbständigen Schizoiden jedoch ist oft eine gelungene Partnerschaft möglich: Der unsichere Phobiker kann sich an das klare Ich des Schizoiden hängen, und der weltfremde Schizoide wird bemuttert und umsorgt. Auch zwanghafte und phobische Menschen können sich stützen und bereichern – die Regeln des einen geben Sicherheit, und das Zartgefühl des anderen sorgt für eine liebevolle Atmosphäre.

Dabei ist zu beachten, dass der phobische Charakter zugleich beschützt und in Ruhe gelassen werden will – allzu kontrollwütige Zwanghafte sind da ebenso schlecht geeignet wie übertrieben theatralische Hysteriker. Den sensiblen Phobikern bekommt das Maßvolle, wobei sie sich gerne von der typisch hysterischen Begeisterung ein wenig mitreißen lassen. Doch wehe, der hysterische Partner lässt sich von der phobischen Angst anstecken und dramatisiert mit. Denn während es dem letztlich eher kalten Hysteriker immer möglich ist, sich einfach umzudrehen, bleibt der anhängliche Phobiker irgendwann ganz allein am

Abgrund sitzen. Depressive und phobische Menschen können sich gegenseitig Heimat sein – oder in einem tiefen dunklen Loch versinken. Dann ist die Welt nicht nur schlecht, sondern auch extrem gefährlich.

Dieses Gefühl der Gefährdung erstreckt sich oft nicht nur auf das eigene Selbst, sondern äußert sich als Sinn für Katastrophales, als Angst um die Natur, die Mitmenschen und den gesamten Zustand der Welt. Schafft es ein phobischer Mensch, diese Ängste nicht nur zu beschwören, sondern ihnen aktiv entgegenzutreten, kann sich seine besorgte Anteilnahme in mitreißende Verbesserungsenergie verwandeln. Auch im Alltäglichen geht es um die Umwandlung von passiver Befürchtung in aktive Verantwortung – den Dingen handelnd zu begegnen, anstatt sie hilflos auszusitzen.

Doch der tiefe Mangel an Selbstvertrauen, der fehlende Glaube an sich und die eigene Durchsetzungskraft lassen die meisten phobisch strukturierten Menschen unter ihren Fähigkeiten bleiben. Ermutigung, Zutrauen und Räume, in denen etwas ausprobiert werden kann, ohne dass Statusverlust oder Liebesentzug droht, helfen den Blassen, Gestalt anzunehmen. Wichtig ist dabei, sie in ihrer Unbeholfenheit, Verschämtheit und Vorsicht nicht auszulachen – gehören doch die phobischen neben den zwanghaften zu den unfreiwillig komischen Charakteren.

Wir sind alle aufgerufen, die Liebe, von der wir in unserer Kindheit zu wenig bekommen haben, als mündige Erwachsene nicht verbissen einzufordern, sondern großzügig zu verschenken. Das ist ein Dienst an der Welt – nicht an der Welt, wie sie ist, sondern wie sie sein sollte. Einem ängstlichen Menschen beizustehen, seine Sorgen zugleich ernst zu nehmen und zu beschwichtigen und seine immer wieder stattfindenden Welterkundungen liebevoll statt spöttisch zu begleiten, hilft nicht nur ihm, sondern auch seinem Gegenüber beim Erwachsen-Werden.

HÖRT AM LIEBSTEN: »Jetzt kann nichts mehr schiefgehen.«

DER HYSTERISCHE CHARAKTER
»Und jedem Anfang wohnt ein Zauber inne...«

Die Aufeinanderfolge der Charaktere beschreibt die Entwicklungsabfolge, die jeder Mensch nach seiner Geburt durchläuft, und zugleich entsteht eine Art Kreis. Denn der hysterische Charakter hat mehr Gemeinsamkeiten mit dem Narzissten als mit seinen zwanghaften und phobischen Vorgängern. Doch während der Narzisst von Anfang an keinen echten Platz in der Welt findet und deshalb versucht, sein ausgedachtes Größenselbst durchzusetzen, hat der hysterisch strukturierte Mensch Probleme mit dem ihm zugedachten Platz in der Welt, also mit seiner sozialen Rolle und seiner kulturell zugewiesenen Geschlechtsidentität.

Den Entwicklungszeitraum der hysterischen Fixierung nennt Freud die »ödipale« oder »phallische Phase«, und auch König betont den Zusammenhang zwischen hysterischem Verhalten und gestörter Identifikation mit den verfügbaren (sexuellen) Rollenangeboten. Das betrifft sowohl deren fundamentale Ablehnung als auch Formen der Übererfüllung: Besonders »weiblich« und besonders »männlich« auftretende Menschen können ebenfalls hysterische Tendenzen besitzen. Zugleich können alle *queeren* Neuinterpretationen der sexuellen Identität als subversive hysterische Strategien verstanden werden – sind es doch vor allem hysterische und schizoide Menschen, welche die Welt mit neuen und unkonventionellen Perspektiven bereichern.

Das Wort *hysterisch* kommt vom altgriechischen Wort *hystéra*, welches »Gebärmutter« bedeutet. Während schizoide und zwanghafte Charakterstrukturen früher mit eher männlich konnotierten Eigenschaften assoziiert wurden, entsprachen depressive und vor allem hysterische Persönlichkeitsmerkmale eher einem klassisch weiblichen Rollenbild. Die moderne entwicklungspsychologische Perspektive zeigt jedoch, dass in jedem Menschen alle Konflikte angelegt sind und männliche Hysteriker in einer kulturell offenen Gesellschaft wie der unseren ebenso üblich sind wie weibliche Schizoide. Ganz abgesehen davon, dass jeder Mensch im Lauf seines Lebens verschiedene Haltungen der Welt gegenüber entwickelt – was ist schon eine Jugend ohne hysterische Sehnsucht nach einer anderen Welt oder ein Alter ohne depressive Liebesfähigkeit?

Je weniger man auf einen bestimmten Konflikt fixiert ist, je mehr Rollen man spielen und danach wieder ablegen kann, desto flexibler und angemessener kann man als Mensch auf das eigene Dasein reagieren. Doch zugleich ist es unerlässlich, eine eigene Haltung zu sich, den anderen Menschen und der Welt zu entwickeln, also das, was man gemeinhin »Charakter« nennt.

Die schillernden Hysteriker sind exquisite Schauspieler, aber es mangelt ihnen gerade deshalb oft an echter Substanz. Diese innere Leere verbindet sie mit den Narzissten. Beiden Charakteren ist die Welt nicht genug, beide empfinden, dass sie nicht wirklich in die Welt passen – der eine fühlt sich grundsätzlich nicht willkommen, der andere weiß nicht, wo und vor allem wie sich niederlassen. Auch der Schizoide lebt in seiner eigenen Welt – doch anders als seine beiden Mitcharaktere leidet er nicht daran. Was den Narzissten und den Hysteriker wiederum unterscheidet, ist der Umgang mit diesem Leid: Während der Narzisst andere benutzt, um sein Größenselbst zu stützen, sprich sein Ego durchzusetzen, gibt der Hysteriker alles, um die vorhandene Welt in ein aufregendes Spektakel zu verwandeln – mit sich in der Hauptrolle. Drama, Glamour und ganz großes Kino – hysterisch strukturierte Menschen verzaubern und bereichern die Welt, während Narzissten dazu tendieren, sich eher *an* ihr zu bereichern.

Anders als bei den großmütigen Depressiven kreisen die Wünsche, Träume und Hoffnungen hysterischer Menschen vor allem um das eigene Leben – nicht die Welt an sich, sondern die *eigene* Welt soll besser, schöner und glänzender werden. Dass dabei auch für die Mitmenschen viel Glanz, Aufregung und Amüsement abfallen, ist ein willkommenes Nebenprodukt – liebt man doch den Unterhaltsamen gleich noch ein bisschen mehr. Und das brauchen Hysteriker mehr als alles andere: Liebe, Bewunderung und ein immerwährendes Staunen über ihre eigene, wundervolle und ach so besondere Existenz.

Während der zwanghafte Charakter bei Riemann für die Schwerkraft steht, verkörpert der hysterische Charakter die Fliehkraft – flatterhaft statt erdenschwer. Hysterisch geprägte Menschen lieben das Mögliche und haben Angst vor dem Notwendigen, Endgültigen, Unausweichlichen und allem, was ihre Freiheit eingrenzt und sie an ihre Beschränktheit erinnert. Während der zwanghafte Mensch dafür sorgt, dass die Gegenwart sich nicht allzu sehr von der Vergangenheit unterscheidet, leben hysterische Menschen von Augenblick zu Augenblick, unter dem offenen Horizont einer Zukunft voller Möglichkeiten. Morgen ist ein neuer Tag, und niemand weiß, was der Abend bringt. Auf wesentlich pragmatischere Weise als die ahnungsvollen Depressiven glauben Hysteriker an Wunder – vor allem, was das eigene Glück betrifft. Dass diese Wunder manchmal tatsächlich eintreffen, gehört zu den Geheimnissen dieser faszinierenden Charaktere – und fügen der Welt ein ums andere Mal eine unvergessliche Geschichte hinzu: »Als ich einmal dringend Geld brauchte, hab ich einfach Lotto gespielt und prompt 5000 Euro gewonnen ...«

Mit ihrer kunstvollen Naivität, ihrem Hang zu Ausflüchten und ihrem Talent, sich alles zurechtzulegen, versuchen hysterische Menschen immer wieder, dem Realitätsprinzip, also dem Gesetz von Ursache und Wirkung (»Wenn ich das jetzt kaufe, habe ich später kein Geld mehr für jenes«) ein Schnippchen zu schlagen. Eine Weile kann das sogar gutgehen. Doch auf

Dauer führt diese Verdrängungshaltung zu einem Leben in einer »Pseudorealität«, die immer notwendiger erscheint, je unfähiger Hysteriker sind, sich den Tatsachen des Lebens zu stellen. Oft werden ihre kleinen Ausflüchte zu großen Lebenslügen, die meist darin bestehen, Andere und Anderes für die eigene Lage verantwortlich zu machen.

Diese Fähigkeit zur Verschiebung teilen sie mit den depressiven Charakteren – ebenso wie eine eher emotionale als rationale Haltung dem Leben gegenüber. Aber vor allem eint beide ein Leben, das mehr auf andere Menschen als auf ein starkes eigenes Selbst zentriert ist. Denn obwohl der hysterisch strukturierte Mensch einen gewaltigen Aufwand um sich treibt, braucht er die Blicke und die Bewunderung der Anderen, um sich wirklich zu spüren. Er will gefallen – so wie Kinder gefallen wollen, wenn sie sich besondere Mühe beim Aufsagen eines Gedichtes geben, oder wenn es ihnen gelingt, ein mutiger »kleiner Mann« oder eine entzückende »kleine Frau« zu sein. Wegen dieser grundsätzlichen Ausrichtung auf den Beifall der Anderen – »Sieh nur, wie schön, originell, außergewöhnlich ich das wieder gemacht habe!« – ist der hysterische Charakter fast noch mehr als der anhängliche Depressive auf seine Mitmenschen angewiesen. Denn auch die beste Show ist nichts wert ohne ein geneigtes Publikum.

Dass er die Anderen *wirklich* braucht, will sich der hysterische Mensch nicht wirklich eingestehen – verabscheut er doch alle Formen von Abhängigkeit und

Verbindlichkeit. Lieber redet er sich ein, dass alle auf ihn angewiesen sind, gebannt von seinem besonderen Glanz wie die Motten vom Licht. Diese Annahme ist nicht ganz falsch. Hysterische Menschen besitzen oft eine große Anziehungskraft und können in ihren besten Zeiten auf ein Heer von Fans, Bewunderern und Anbetern zurückgreifen. Das gilt besonders für die Liebe. Die romantische Sphäre ist ihr klassischer Wirkungskreis, haben sich Hysteriker doch mehr als alle anderen Charaktere um den Zusammenhang zwischen Geschlechterrolle und Verführungskraft Gedanken gemacht.

Der hysterische Mensch liebt die Liebe, als Schwärmer und Träumer ist er sowieso ständig mit der Wiederverzauberung der Welt beschäftigt. Rausch, Ekstase, Leidenschaft sind seine Lebenselixiere – alles, was den schnöden Alltag kurz oder gerne auch länger in ein filmreifes Abenteuer verwandelt. Während der Depressive in der Liebe die Verschmelzung sucht, will der Hysterische sich weiten, in Intensität schwelgen und sich als Liebender und Geliebter vergöttlichen. Doch ist der Zauber verflogen, bleibt oft wenig zurück – denn der sprunghafte Hysteriker sucht lieber das Weite, als ernsthaft »an einer Beziehung zu arbeiten«. Oft neigen hysterische Menschen auch zu Affären – sind zwei Spiegel doch besser als einer. Und drei besser als zwei. Dass man so letztlich alleine bleibt, wird ihnen oft erst klar, wenn es schon zu spät ist.

Hysterische Menschen brauchen Aufmerksamkeit und haben sich ein großes Repertoire angeeignet, um sie zu bekommen. Nicht nur der Partner, alle sollen sie bewundern und von ihrem Glanz sprechen, auch um sie von der nagenden und keinesfalls unbegründeten Angst zu befreien, nicht wirklich zu existieren.

Gerade weil es ihnen an Ich-Kontinuität, also der Dauer eines echten Selbst mangelt, sind sie umso begnadetere Darsteller dieses Selbst. In unserer marktorientierten Zeit, in der die eigene Performance andere Quellen des Selbstwerts wie den eigenen Charakter oder die soziale Stellung zunehmend ersetzt, sind die hysterischen Künste der Selbstdarstellung gefragt wie nie – glänzt und schillert doch jeder Social-Media-Account und will Aufmerksamkeit und Bewunderung. Dabei ist auch diese Form der Bezogenheit auf die Bewertung durch andere eher depressiv und ichschwach denn selbstbewusst. Und als Lebensstrategie keinesfalls auf Dauer tragfähig – denn es genügt kein Mensch den Bildern, die er von sich und seinem Leben zu produzieren vermag.

Dieses besonders für Hysteriker typische Auseinanderdriften zwischen innerer Realität und gesellschaftlicher Rolle (»Bella Figura«) macht die Anerkennung des eigenen So-Seins in seiner immer dazugehörenden Schwäche, Widersprüchlichkeit und Abhängigkeit zunehmend unmöglich. Lieber erfindet man neue Phantasien, neue Bilder und neue Identitäten, die allerdings von Mal zu Mal brüchiger werden.

Deshalb sind die glanzvollen Hysteriker zugleich die am meisten beneideten und am häufigsten falsch gesehenen Charaktertypen. Denn nur der, der nichts ist, kann so tun, als sei oder habe er alles. Zudem wirken die Hysteriker durch ihren Charme und ihre Liebenswürdigkeit warm, sind aber innerlich einsam und eher kalt, weil auch die Liebe, die sie suchen (Beifall, Bewunderung, Glanz) eher kalt ist als warm (Geborgenheit, Zärtlichkeit, Güte).

Hysterische Menschen lieben alle Formen von Kommunikation und besitzen großes Einfühlungsvermögen in kulturelle Konventionen und in die Erwartungen des Gesprächspartners. Zudem stellen hysterische Menschen ihr Selbst nicht nur mimisch und gestisch dar, sondern erschaffen es vor allem durch Erzählungen. Wobei auch hier die Realität nicht das ist, was da ist, sondern eher das, was sein könnte – das zeigt sich an einer Neigung zu Übertreibungen, Ausschmückungen und Superlativen: Das Leben hysterischer Menschen ist voll von unglaublichen, unvorstellbaren und unerhörten Begebenheiten.

Auch in der Berufswahl zeigt sich eine Lust an Ausdruck und Dramatik: Hysterisch geprägte Menschen sind oft Künstler, Schauspieler oder PR-Strategen. Viele sind Vertreter, Verkäufer oder in repräsentativen Berufen tätig – die Arbeit mit Menschen liegt ihnen mehr als sachbezogene Tätigkeiten. Allen hysterisch strukturierten Menschen jedoch ist gemein, dass sie bei ihrer Berufswahl suchen, was sie mehr als alle anderen Charaktere benötigen: ein Publikum.

POSITIVE CHARAKTEREIGENSCHAFTEN: kreativ, risikofreudig, einfallsreich, anpassungsfähig, geschickt, verführerisch, anziehend, faszinierend, phantasievoll, genussfroh, lebendig, aufgeschlossen, kontaktfreudig, unterhaltsam, charmant.

NEGATIVE CHARAKTEREIGENSCHAFTEN: flüchtig, unzuverlässig, ablenkbar, reizhungrig, verantwortungslos, desorientiert, glatt, irrational, impulsiv, wechselhaft, unlogisch, verträumt, unpünktlich, berechnend, manipulativ, oberflächlich, unecht, eitel.

GRUNDKONFLIKT NACH KÖNIG: Zwischen dem Wunsch, von dem gegengeschlechtlichen Elternteil als vollwertiger Partner, besonders in den Geschlechtseigenschaften, anerkannt zu werden, und dem Wunsch, die Liebe des gleichgeschlechtlichen Elternteils zu erhalten. Zwischen dem Wunsch, als vollwertiger Partner des gleichgeschlechtlichen Elternteils anerkannt zu werden, und dem Wunsch, die Liebe des gegengeschlechtlichen Elternteils zu erhalten. Und zwischen dem Wunsch, so zu sein wie die Mutter, und dem Wunsch, so zu sein wie der Vater.

ENTWICKLUNG NACH KÖNIG: Die hysterische Struktur entsteht in der ödipalen bzw. phallischen Phase zwischen dem dritten und dem fünften Lebensjahr. Vor dem Eintritt in die ödipale Phase kommt es bei dem Kind zu einer intensiven Beschäftigung mit Geschlechtseigenschaften und den anatomischen Unterschieden. Zugleich geht es um geschlechtstypisches und soziales Rollenverhalten – nicht nur als Mann oder als Frau, sondern auch als »bedürftiges Kind« oder als »erwachsener Partner«. Hysterische Menschen haben bei dieser komplexen Entwicklung Schaden genommen – sei es, dass sich eine Frau mit der männlichen Rolle identifiziert hat, die sie aber anatomisch niemals einlösen kann, oder dass ein Knabe von seiner frustrierten Mutter als »kleiner Mann« zum symbolischen Partnerersatz herangezogen wurde. Während der Schizoide bei König nicht zwischen Innenwelt und Außenwelt unterscheiden kann, weiß der Hysteriker nicht, wo in der sozialen Welt sein Platz ist.

Diese innere Leere ist zugleich Bedingung für sein Vermögen, verschiedene soziale Rollen zu verkörpern – scheinen sie ihn doch alle zugleich zu meinen und zu verfehlen. Letztlich reizt ihn das Spiel, und natürlich auch Anerkennung und Beifall, die eine gute Performance nach sich zieht. Weil hysterische Menschen gelernt haben, mit Charme, Liebreiz und ihrem gewinnenden Wesen »durchzukommen«, fehlt es ihnen oft an praktischer Kompetenz – was sie wieder zurück in ihre funkelnden Scheinwelten treibt. Riemann nennt das den »hysterischen Teufelskreis«.

OBJEKTBEZIEHUNG = BEZIEHUNG ZUM GEGENÜBER
NACH KÖNIG: Der Hysteriker will gefallen, sucht Anerkennung und braucht die anderen Menschen, um bewundert und in seiner jeweils aufgeführten sozialen und vor allem Geschlechterrolle (die männerverführende Frau, der kernige Mann usw.) anerkannt zu werden. Dieses Verhältnis ist ziemlich einseitig, obwohl es dem bezirzten Gegenüber oft scheint, als würde dem Hysteriker sehr viel an ihm liegen. Da dem Hysteriker aber nicht einmal besonders viel an sich selbst liegt, weil er eben dieses schon früh abgetrennte ungenügende und glanzlose Selbst gar nicht anerkennt und erst recht nicht lieben gelernt hat, ist da in Wirklichkeit wenig zu holen – »Mehr Schein als Sein«. Wegen dieser tiefen Selbstmissachtung sind Hysteriker und Narzisst auch die kältesten und »ausbeuterischsten« der Charaktere – wer sich nicht liebt, tut sich schwer, einen Anderen wirklich zu lieben.

Diese Unfähigkeit, sich selbst zu sehen und anzunehmen, wird beim Hysteriker ergänzt durch die Unfähigkeit, die Welt so zu sehen, wie sie ist. Ähnlich dem Schizoiden lebt er gerne an der Wirklichkeit vorbei, am liebsten in phantastischen (Schein-)Welten, eine schöner und faszinierender als die andere. Dieses Beharren auf einer anderen Welt hat auch beim hysterischen Menschen ein gewisses revolutionäres Potential – ob es sich verwirklicht, hängt an der Kraft seiner Träume und an seiner Ausdauer. Doch gerade Letztere ist des Hysterikers Stärke nicht. Deshalb muss das

Gegenüber immer wieder als »Stützkomplize« der aktuellen Lieblingsphantasie herhalten. Bis zum nächsten großen Ding.

Zudem konstatiert König ein hysterisches Problem mit Rivalität – nicht verwunderlich, kann es doch nur »Eine/n geben«. Aggressivität findet sich oft als »Imponiergehabe« – der Wunsch nach Bestätigung wird mit allen Mitteln durchgesetzt. Rivalisierende Auseinandersetzung mit Anderen wird also entweder ständig gesucht oder ebenso kontinuierlich vermieden. Auch hier zeigt sich der hysterische Mangel an entspannter, echter Sozialität.

ENERGIESYSTEM: Die Energie des hysterischen Menschen ist nicht nach innen, sondern nach außen gerichtet. Wie der Narzisst bezieht er seinen Selbstwert durch das Bild, das er abgibt. Hysteriker sehen sich selbst so, wie sie gesehen werden, sie identifizieren sich mit ihren Effekten. Dabei sind sie jedoch wesentlich kreativer als die primär auf das eigene Fortkommen ausgerichteten Narzissten. Hysterische Menschen müssen und wollen wirklich etwas bieten, und der Charme, der Esprit und die Grazie, die sie dafür aufbringen, lassen manchmal nicht nur ihre eigenen Träume wahr werden.

MONOLOG ODER DIALOG: Hysterisch strukturierte Menschen wissen, was erwartet wird, und mehr noch, was gefällt. Sie sind Zuhörer und Redner, je nachdem, was die Situation erfordert, obwohl sie tendenziell schon lieber reden, als zuzuhören. Die gerne gehaltenen hysterischen Monologe dienen dabei meist dem Aufrechterhalten der aktuellen Pseudorealität (z. B. als Waffe, wenn jemand wagt, das Realitätsprinzip oder das Gesetz von Ursache und Wirkung anzurufen).

Für einen echten Dialog jedoch mangelt es den meisten Hysterikern an geistiger Eigenständigkeit. Was auch daran liegt, dass hysterische Menschen eher emotional und beschwörend als kühl und sachlich kommunizieren. Wer versucht, rational zu argumentieren, kann sich leicht in den Weiten des hysterischen Realitätsbegriffs verlieren. Hysterischen Menschen fehlt das Zweckfreie einer intellektuellen Auseinandersetzung. Denn auch Kommunikation dient ihnen vor allem zur Selbstdarstellung.

OFFENHEIT ODER VERSCHLOSSENHEIT: Der hysterische Mensch ist fast ausschließlich auf die Blicke der Anderen ausgerichtet. Als kundiger Kurator seines Selbst liebt er es, seine Mitmenschen in seinen kunstvollen (Innen-)Welten, ob erdacht, erlebt oder erträumt, spazieren zu führen. Wer sich darauf einlässt, wird meistens mit ungewöhnlichen, farbigen und intensiven Geschichten belohnt. Was hingegen hinter diesen funkelnden Fassaden liegt, bekommt fast niemand zu Gesicht – am allerwenigsten der Hysteriker selbst.

VERÄNDERUNG ODER ERHALTUNG: Hysteriker lieben das Neue, bietet es doch die Chance, das eigene Scheitern und Ungenügen unter den Tisch zu kehren. Sie haben wenig übrig für die Vergangenheit und sehen jede Veränderung des Althergebrachten immer auch als Möglichkeit, sich selbst als Innovator hervorzutun. Außerdem sind sie beredte Anwälte einer besseren Welt – und mit ihrem Sinn für Schönheit, Exzentrik und große Auftritte sorgen sie oft eigenhändig dafür, dass sie wenigstens glanzvoller wird.

An Utopien lieben sie mehr deren Vertreter als deren Inhalte. Was allerdings ihre reale Verwirklichung angeht, bleiben sie meist bei ihrem liebsten Credo: »Wenn du es dir nur fest genug wünschst, wird es ganz sicher auch wahr werden.«

BEOBACHTBARES VERHALTEN NACH KÖNIG: Das Redeverhalten des hysterischen Charakters zielt hauptsächlich darauf ab, sich als begehrenswert zu inszenieren. Dazu gehören Charme, erotische Signale und ein kunstvolles Spiel mit der eigenen Geschlechterrolle. Diese Kommunikationsstrategie funktioniert: Man hört gerne zu und macht sich vielleicht sogar insgeheim Hoffnungen. Hysteriker sind meisterhafte *Flirter* und *Teaser* – und haben von allen Charakteren die meisten Probleme mit den verbindlicheren Seiten der Liebe. Wenn es ernst wird, werden sie unruhig – und flattern lieber weiter zur nächsten Blüte.

Oft lässt sich im Umgang mit gleichgeschlechtlichen

Mitmenschen auch sofortige Rivalität oder deren ebenso auffälliges Fehlen beobachten. Dabei ist ihr Verhalten meist Ergebnis blitzschnellen strategischen Kalküls. Wahrhaft gelassene Hysteriker sind eine echte Seltenheit. Trotzdem fällt es ihnen leicht, je nach Situationserfordernis »beherrscht« oder »lebendig« zu wirken. Im Gegensatz zu den Zwanghaften und den Depressiven, welche sozial am meisten angepasst sind, erweisen sich hysterische Menschen als die Anpassungsfähigsten.

VERHALTEN IN DER ARBEITSWELT NACH KÖNIG: Hier zeigt sich die typische hysterische Struktur: flatterhaft, unkonzentriert, ebenso schnell entflammt wie erloschen. Ein Mangel an all dem, was zwanghafte Charaktere im Übermaß auszeichnet: Kontinuität, Gründlichkeit und Zuverlässigkeit. Projekte werden nicht durchgehalten, Themen werden erst gehypt und dann fallengelassen und Stellen werden oft gewechselt. Dabei mögen hysterische Menschen Berufe, die »Augenblickserfolge« garantieren. Dazu gehört der Bereich der Fotografie, aber auch Werbung und Verkauf ermöglichen schnelle Pointen und schnelle Abschlüsse. Berufe, bei denen man mit Nettigkeit und Charme etwas erreichen kann, sind ebenfalls beliebt – das betrifft so unterschiedliche Felder wie Gastronomie, Tourismus oder veranstaltungs- und kommunikationszentrierte Arbeit im Kulturbereich.

Hysterische Menschen haben schon früh gelernt,

andere Menschen durch gezieltes Rollenverhalten zu ihren Gunsten zu beeinflussen. Darin gleichen sie einem Schauspieler, der tausend Masken hat, aber kein eigenes Profil. Auch wegen dieser hinter einer glänzenden Hülle verborgenen Ich-Schwäche fällt es ihnen schwer, wirklich etwas für sich selbst zu tun und beispielsweise die für einen interessanten Beruf notwendigen Kompetenzen zu erwerben. Stattdessen glauben sie, ihr verführerisches Wesen würde reichen, »einfach so durchzukommen«. Merken sie, dass es nicht oder nicht mehr klappt, können sie sogar die Depressiven an Verbitterung und Schuldzuweisungen übertreffen. Von allen Charakteren sind sie am schlechtesten auf den Verlust der eigenen Jugend vorbereitet.

Weil hysterische Menschen gewohnt sind, in ihren Traumwelten zu leben, kommt es manchmal auch zu einer Art »Denkhemmung«. Sie betrifft das Erkennen und Sammeln von Realinformationen und das schlussfolgernde Denken. Was als unschuldige Träumerei begann, endet deshalb oft tragisch. Klassische Beispiele wären Oscar Wildes *Bildnis des Dorian Gray* oder das Schicksal von Emma Bovary in Flauberts gleichnamigem Roman – wobei beide Figuren auch durchaus narzisstische Züge tragen.

Diese bequeme Unfähigkeit, die eigene Lage oder die Folgen eigener Handlungen zu erkennen, verleiht dem gewandtesten aller Charaktere eine seltsame Hilflosigkeit. Das hysterische Denken wirkt deshalb oft kindlich-naiv oder unlogisch.

Da hysterische Menschen von allen Charakteren die kreativsten sind, bekommt ihnen eine Arbeit, bei der diese Fähigkeiten gefragt sind, besonders gut. Da man sich aber für so eine Stellung erst mit den Ideen und Vorstellungen Anderer vertraut gemacht haben muss, erreichen nur wenige diese befriedigende Position. König empfiehlt hier eine Kombination von hysterischen und zwanghaften Strukturanteilen – man könnte es auch als guten Rat an einen arbeitswilligen Hysteriker verstehen.

VERHALTEN IN INSTITUTIONEN NACH KÖNIG: In Chefpositionen kommen hysterische Menschen vor allem dann, wenn ein neues Fach sich zu etablieren beginnt. Sie fangen lieber etwas an, als etwas weiterzuführen. Das Traditionelle stößt sie ab. Zugleich werden ihre Stärken gefordert: Flexibilität, Anpassungsfähigkeit, Initiative. Hysterische Chefs ziehen oft zwanghafte Mitarbeiter an, welche die »große Geste« und die Spontaneität der Hysteriker bewundern. Und sich deshalb gerne um all die notwendigen Kleinigkeiten kümmern. Hysterische Chefs sind Meister der Vision – und Versager bei der Planung. Wie viel Aufwand, Geld und Zeit für die Verwirklichung ihrer Ideen benötigt werden, entzieht sich oft ihrer Kenntnis. Das machen sie wett durch ihre Fähigkeit, Mitarbeiter zu motivieren und zu begeistern, die deshalb auch gerne immer wieder für ihren Chef oder ihre Chefin in die Bresche springen. Bei gegenseitigem Vertrauen ist es manchmal sogar möglich, einen hysterischen Chef zu »erziehen«.

Die Ideen der Mitarbeiter kommen bei all dem Trubel und der hysterischen Lust am Neuen oft zu kurz. Sie sind ja vor allem damit beschäftigt, das hinterlassene Chaos aufzuräumen. Geht es dabei zu chaotisch zu, werden vom hysterischen Chef gerne immer neue »Organisationspläne« erlassen. Meist ist das kontraproduktiv. Ungebremste Hysteriker und ungebremste Zwanghafte produzieren von allen Charakteren die meiste überflüssige Arbeit.

Nicht zu vergessen ist der hysterische Wunsch nach Anerkennung der eigenen Geschlechtsidentität. Oft umgibt sich der oder die Hysterische mit einem »Kranz« gegengeschlechtlicher Mitarbeiter. Und wer nicht genügend bewundert oder die sexuelle Vormachtstellung bedroht, wird entweder weggebissen oder weggelobt. In Institutionen, die von einem hysterischen Chef geleitet werden, kommt es deshalb zu häufigem Personalwechsel. Mit zunehmendem Alter kann sich ein hysterisch strukturierter Mensch jedoch auch an der »Potenz« seiner Schüler freuen. Eine klassische Altersrolle für Hysteriker ist die des »liebenswerten Chaoten«.

Eine Kombination aus hysterischen und zwanghaften Persönlichkeitsanteilen, bereichert durch einen »Schuss« Depressivität, sieht König als ideale Strukturierung für eine Chefposition.

UMGANG MIT RESSOURCEN: Hysterische Menschen sind als Kinder zu wenig beachtet worden. Einfach man selbst zu sein war nicht genug, deshalb haben hysterische Charaktere schon früh begriffen, dass nur auffälliges Verhalten, Liebreiz, Koketterie und Charme ihnen die überlebensnotwendige Aufmerksamkeit sichern. Früher und gründlicher als alle anderen haben sie gelernt, sich gut zu verkaufen. Anstatt durch Leistung und gesellschaftliche Konformität überzeugen sie durch Originalität und Anpassung an die Wünsche und Erwartungen des jeweiligen Gegenübers.

Die kindliche Erfahrung, der Liebe und Aufmerksamkeit der Anderen nur bedingt wert zu sein, eint alle Charaktere. Ebenso wie die Neigung, als Erwachsener diesen Elternblick auf sich im eigenen Inneren zu reproduzieren. Während der zwanghafte Charakter deshalb dazu tendiert, auch später streng und eher einschüchternd das eigene Verhalten zu reglementieren, ist der Blick des hysterischen Menschen auf sich selbst eher ungnädig und herablassend – kalte Verachtung statt heißer Wut. Er verabscheut Langeweile, Routine, Alltäglichkeit, dabei ist die Anerkennung der eigenen Durchschnittlichkeit und des eigenen Sicherheitsbedürfnisses unabdingbar für seine seelisch-geistige Weiterentwicklung. Wer aufhört, seiner Eitelkeit zu dienen, hat mehr Ressourcen für sich selbst und sein eigenes Leben.

Das große Thema des Hysterikers ist deshalb die Entwicklung realer und fachlicher Kompetenzen. Als

Schauspieler seines Selbst ist er auf so fundamentale Weise von seiner Fähigkeit, in Anderen Bewunderung auszulösen, abhängig, dass der Verlust seines »Zaubers« ihn vollkommen hilflos zurücklässt. Die eigene Energie von außen nach innen zu lenken, durch echte Fähigkeiten statt durch deren kunstvolle Vorspiegelung zu überzeugen und sich der Realität zu stellen, anstatt sie umzudichten, verschafft dem Hysteriker nach und nach die dringend benötigte Substanz.

Damit verbindet sich die Erfahrung, der eigenen Aufmerksamkeit wert zu sein und sich nicht nur für den Beifall der Anderen, sondern tatsächlich für sich selbst und die eigenen Interessen einzusetzen. Gerade für die oft glamourösen und zutiefst selbstsicher wirkenden hysterischen Menschen kann die Wahrnehmung ihres charaktertypischen Mangels an echtem Selbstwert schwierig sein. Doch wie bei allen anderen Charakteren ist die Anerkennung des eigenen Leids und der eigenen Bedürfnisse unabdingbar für einen liebevolleren, authentischeren und gesünderen Umgang mit sich, den Anderen und dem Leben. Auf ganz reale Weise für sich selbst sorgen zu können – ausgeglichenes Bankkonto, regelmäßiger Wohnungsputz und anständige Ernährung inklusive – verleiht dem extravaganten Hysteriker genau die unbekümmerte Freiheit, welche er bislang nur so überzeugend dargestellt hat.

ÜBERLEGUNGEN ZUM UMGANG: In einem Wort: Loben.

Hysterische Menschen haben wie ihre schizoiden Mitcharaktere Schwierigkeiten, sich auf längere Beziehungen einzulassen. Dabei fürchten die Schizoiden sich vor Nähe und neigen zu serieller Monogamie, während Hysteriker den grauen Alltag meiden und oft polygame Neigungen pflegen. Doch trotz aller Flatterhaftigkeit sehnen sie sich heimlich – in fortgeschrittenem Alter manchmal auch durchaus ausgesprochen – nach Geborgenheit und Kontinuität. Zwanghafte Menschen können ihnen den dringend benötigten Halt geben und sie können dafür die allzu strengen Zwanghaften mit ihrer Leichtigkeit und ihrer Lebenslust zum Genießen verführen. Das gilt auch für Phobiker und Depressive, mit denen oft gelingende Beziehungen, ein gemütliches Zuhause und ein stabiler und zugleich unterhaltsamer Alltag möglich sind. Und Kompetenzerwerb hin oder her – Bewunderung, Beifall und ständige Zuwendung brauchen selbst geläuterte Hysteriker mehr, als es die meisten selbstzentrierten Schizoiden zu geben vermögen. Mit Narzissten und anderen Hysterikern hingegen kann es zu regelrechten Fusionen kommen – sogenannte *Power-Couples* haben nichts dagegen, im Leben des Anderen eher funkelndes Accessoire zu sein. Dafür geben sie aber gemeinsam ein so strahlendes, überwältigendes und beneidenswertes Bild ab, dass der jeweilige Hunger tatsächlich befriedigt wird. Für eine Weile zumindest.

Hysterische Menschen verzaubern die Welt – die sich das oft gefallen lässt. Als geborene Romantiker legen sie sich besonders in der Liebe voll ins Zeug – und wollen dafür umso mehr geliebt werden. Den hysterischen Menschen zu loben, ihm Komplimente zu machen und sich von seinen Phantasien und Geschichten bereichern zu lassen, erzieht auch sparsamere Charaktere langsam selbst zu mehr Großzügigkeit. Dabei ist es wichtig, ehrlich zu bleiben. Denn so empfänglich die hysterischen Charaktere auch für Schmeicheleien sind, so empfindlich sind sie für falsche Töne – auch wenn sie sich aus Eitelkeit oft nichts anmerken lassen. Sich am Glanz und Charme des Hysterikers zu freuen und ihn zu unterstützen, anstatt missmutig die bunten Flügel zu stutzen, ist die beste Weise, mit diesem charismatischsten aller Charaktere umzugehen. Dabei hilft es, dessen unermesslichem Bedürfnis nach Aufmerksamkeit mit Gelassenheit, Humor und Verständnis zu begegnen, anstatt in Eifersucht und Kontrollverhalten zu verfallen.

Das betrifft auch den beruflichen Umgang: Einerseits gilt es, loyal, großzügig und sachlich genau zu sein und die flatterhaften Kollegen sanft bei der Stange zu halten, anderseits ist es nicht nur klug, sondern tatsächlich verständnisvoll, den Hungrigen immer wieder Chancen zu geben, zu glänzen und sich hervorzutun.

Hysteriker sind ebenso wie die Narzissten besonders empfänglich für alles, was das eigene Prestige erhöht. Worte wie »bedeutungsvoll«, »einmalig« und »große Ehre« lassen ihr Herz höher schlagen. In der Zusammenarbeit ist es zudem wichtig, den Hysteriker nie so festzunageln, dass er keinen Rückzieher mehr machen kann – man sollte immer Fluchtwege offenlassen. Und sich nach eventuellen »Vorfällen« auf die Zukunft, nicht auf die Vergangenheit beziehen. Doch vor allem sollte man einem hysterisch strukturierten Menschen immer wieder zu verstehen geben, dass man das, was hinter der glänzenden Fassade steckt, nicht nur wahrnimmt, sondern auch in besonderem Maße zu schätzen weiß.

HÖRT AM LIEBSTEN: »Sie haben das ganz besonders toll gemacht.«

NACHWORT

»Wenn ich das Wort ›schizoid‹ höre, muss ich immer an Schizophrenie denken. Warum nimmt man denn heute noch so hässliche Worte?« Meine Tante, der ich von den sechs Charaktertypen erzählt hatte, schüttelte den Kopf. Es war eine gute Frage: Warum diese klinischen Begriffe, die alle etwas fast Abwertendes haben? Man könnte die Schizoiden stattdessen ja auch die Ungeselligen nennen, die Hysteriker die Dramatischen oder die Phobiker die Ängstlichen. Doch dieses Buch ist nicht der Versuch einer Neuschreibung, sondern eine Hommage an das Denken von Fritz Riemann und Karl König. Es stellt sich damit in eine analytische Tradition, in der schon lange und immer noch mit diesen Fachbegriffen gearbeitet wird. Sie zu aktualisieren, zugänglich zu machen und in ihrer Gestalt – mit allen negativen und positiven Seiten – zu erfassen, erscheint mir brauchbarer, als vor lauter Berührungsängsten alle historischen Bezüge über Bord zu werfen.

Im Umgang mit dem, was da ist, geht es immer um die Frage nach Ausschluss oder Umschreibung. Doch wie wir bei Freud gelernt haben – das Verdrängte bleibt nie lange fort. Versöhnung ist immer klüger als Ausgrenzung. Und einen staubigen, leicht furchterregenden Begriff wie »schizoid« zu entstauben und zugleich neu und sogar positiv zu deuten, ist durchaus subversiv – genauso wie sich die Schwulenbewegung das Schimpfwort »gay« zu eigen machte, steht es auch jedem frei, ganz entspannt zu sagen: »Ich bin ein schizoider Hysteriker, und du?«

Doch nicht nur die Begriffe kommen aus der Pathologie, sondern auch die Charaktere selbst erscheinen trotz allem Verständnis ziemlich gestört. Sind wir von Verrückten umgeben? Andererseits – wäre das denn so schlimm? Der Schriftsteller Mark Twain meint dazu: »Wenn wir bedenken, dass wir alle verrückt sind, ist das Leben erklärt.« In einer Zeit, in der alle angestrengt normal und gut gelaunt sind, ist es eine große Erleichterung festzustellen, dass letztlich alle irgendwo irgendeinen Schaden haben. Doch zugleich gilt es, unsere Stärken zu feiern. Wir sind alle Überlebende, und jede Charakterstruktur steht immer auch für besondere Talente und Fähigkeiten.

Meine Tante war dennoch nicht überzeugt, lässt sie doch als außerordentlich eigensinniger Mensch nur ihr eigenes Urteil gelten. Sie hat in den siebziger Jahren bei Marie-Luise von Franz studiert, einer Schülerin von C. G. Jung. Seitdem schwört sie auf Jungs Typenlehre und findet die Riemann-König'sche-Typologie nicht nur begrifflich beleidigend, sondern auch fachlich fragwürdig. Auch das ist ein durchaus gültiger Einwand – warum ausgerechnet diese sechs Charaktertypen?

Zunächst einfach weil sie, wie eingangs erwähnt, mich selbst und alle anderen Bekannten, die Riemann oder König gelesen haben, erfasst und bereichert haben.

Weil sie für mich und für andere *funktionieren*. Aber das tun auch andere Persönlichkeits-Klassifizierungssysteme – ob bei uns im Westen oder anderswo auf der Welt. Im indischen Ayurveda beschreibt man den Menschen als Mischung aus drei Typen, die chinesische Medizin spricht von fünf Elementen, und Jung, der mir so beredt nahegebracht wurde, hat vier Grundtypen bestimmt und nach ihrer Bewusstseinsfunktion – Denken, Fühlen, Empfindung und Intuition – geordnet. Letztlich muss jeder Einzelne das Bezugssystem finden, das ihm oder ihr am meisten zusagt.

Trotzdem halte ich das Modell von Riemann und König weiterhin für einen ausgezeichneten Einstieg in die Charakterkunde. Nicht nur, weil es schlicht, ausgewogen und außerordentlich anschlussfähig ist – es gibt beispielsweise durchaus gewisse Korrespondenzen zwischen dem Jung'schen Denk-Typ und dem Schizoiden, dem Fühl-Typ und dem Depressiven, dem Sensations-Typ und dem Zwanghaften und dem Intuitiven und dem Hysteriker –, sondern auch, weil die den sechs Charaktertypen zu Grunde liegenden Spannungsverhältnisse etwas allgemein Menschliches berühren. Jeder Einzelne muss im Vollzug seines Daseins immer wieder seine eigene Balance zwischen der Tatsache seines Lebens und der Gewissheit seines Sterbens finden. Er muss umgehen mit Dauer und Vergänglichkeit, sich auf sich besinnen und sein Selbst verwirklichen und zugleich seine Beziehungen leben und lieben lernen.

Doch die sechs Charaktertypen stehen nicht nur für grundsätzliche Konflikte, sondern repräsentieren zugleich fundamentale Haltungen der Welt gegenüber. Diese Haltungen betreffen den Umgang mit dem, was jedes Kind zunächst als »natürlich gegeben« vorfindet. Niemand betritt eine leere Welt, es ist immer schon etwas da. Werte sind gesetzt, Gebote und Verbote sind ausgewiesen, die vielen Dinge des Lebens sind auf eine bestimmte Weise geordnet. Auch diese »Alltäglichkeit« ist zugleich zufällig, also historisch wandelbar und kulturell verschieden, und notwendig – denn wir Menschen müssen voneinander lernen, was es zu einer bestimmten Zeit an einem bestimmten Ort heißt, ein Mensch zu sein, was man darf, was man kann und was man muss. Diese Regeln, die jedem Kind aufs Neue beigebracht werden, kann man die herrschende Ordnung der Dinge nennen, oder, um mit Riemann zu sprechen, unser Sonnensystem. Alle Charaktertypen sind immer auch existentielle Haltungen gegenüber dieser Vorhandenheit.

Der Narzisst benutzt die herrschende Ordnung hauptsächlich, um seine eigene Ordnung, sein eigenes Sonnensystem zu erschaffen. Der Schizoide steht mit einem Fuß innerhalb und mit einem Fuß außerhalb dieser Ordnung der Dinge – eigenwillig genug für wirklich andere Perspektiven und im besten Fall zugleich konform genug, um diese Perspektiven auch gesellschaftlich vermitteln zu können. Depressive Menschen werden von der Ordnung der Dinge beherrscht und gehorchen ihr fast blind, während zwanghafte Menschen sich mit dieser Ordnung identifizieren und daraus nicht nur Sicherheit, sondern auch Machtansprüche ableiten. Phobiker hingegen schwimmen einfach mit, sie bannt eher ihr kleiner Umkreis als sonstige größere Ordnungen. Hysteriker dagegen rebellieren bewusst – die angebotenen Rollen, Definitionen und Seinsmöglichkeiten ihrer Epoche, Kultur oder Familie passen ihnen nicht, das Gewand der Welt ist schlecht geschneidert, es ziept und zwickt und muss geändert werden. Auch aus dieser fast schon ästhetischen Unzufriedenheit kann Neues und Anderes entstehen.

Für dieses Buch wurden die sechs Charaktere und die darin repräsentierten Haltungen idealtypisch dargestellt. In der Realität jedoch sind wir Menschen Mischwesen. Neben diesen sechs grundlegenden sind viele weitere Konflikte in jedem von uns angelegt. Auch konfrontieren verschiedene Lebensphasen den Einzelnen mit verschiedenen Themen – Fragen der Aneignung und Fragen des Abschieds, Zeiten des Nehmens und Zeiten des Gebens, Raum für Träume und Raum für Bilanzen.

Doch vor allem ist das echte Leben auf eine geradezu atemberaubende Weise komplexer, als jede noch so fein gearbeitete Schablone zu fassen vermag. Die Widersprüche, die schon die einzelnen Charaktertypen bestimmen, werden in der Realität ins Unendliche gespiegelt wie bei schizoiden Hysterikern mit zwanghaften Tendenzen oder phobischen Narzissten mit depressivem Einschlag, die gerade eine hysterische Phase haben. Und vor allem – liegt nicht in jeder Fixierung schon eine Art Zwang? Ist nicht jede Art von Selbstdarstellung – ob als Konformist oder als Nonkonformist – im Kern hysterisch? Und versuchen wir nicht alle, ein bestimmtes Bild von uns zu vermitteln – oft auch gerade uns selbst gegenüber?

Hier beginnen die unendliche Mannigfaltigkeit des Menschlichen, die Tiefe einer Persönlichkeit und der Respekt, den wir uns selbst und einander schulden: Denn obwohl es beim Lesen möglich sein sollte, sich einen relativ guten Überblick über die gerade bei einem selbst oder einem Anderen im Vordergrund stehenden Konflikte zu verschaffen, kann man weder sich noch das Gegenüber durch diese grobe Brille ganz erfassen – geschweige denn endgültig bestimmen. Alles Leben ist ein Werden, und der Mensch kann sich ändern, bis zum Tod.

Darin liegt auch die Chance, die eigene Haltung zum Leben immer wieder neu zu justieren. Das geschieht meist, indem man »anbaut« und sich so für neue Ressourcen und Seinsweisen öffnet. Jeder Charaktertypus hat der Welt etwas Unersetzliches zu geben – Vorsicht oder Vertrauen, Ernst oder Esprit, Gemeinsinn oder Gestaltungswillen. Je mehr dieser unterschiedlichen Perspektiven man in das eigene Leben integrieren kann, ohne von ihnen regiert zu werden, desto reicher wird das eigene Dasein.

Zudem haben die vielen verschiedenen Weisen, die menschliche Persönlichkeit zu erfassen und zu beeinflussen, durchaus Gemeinsamkeiten. Die Suche nach Balance, nach der goldenen Mitte, wie Aristoteles diese uns Menschen zuträgliche Haltung schon vor 2000 Jahren benannte, verbindet viele zunächst ganz unterschiedlich wirkende Ansätze der Charakterkunde – ob man seine chinesischen »Elemente« mit dem richtigen Essen und dem entsprechenden Verhalten ausgleicht, alle seine Jung'schen Bewusstseinsfunktionen aktiviert und in ein stimmiges Verhältnis bringt oder immer wieder das eigene Sicherheitsbedürfnis mit dem Wunsch nach Autonomie und Selbstverwirklichung harmonisiert.

Letztlich geht es bei all diesen Techniken der Selbsterkundung und Selbstsorge immer um Angemessenheit, darum, nicht automatisch, also von Angst, Gewohnheit oder Größenwahn gesteuert, sondern bewusst, situationsabhängig und mitfühlend reagieren zu können. Je mehr sich ein Mensch den verschiedenen existenziellen Konflikten, die hier von den sechs Charaktertypen repräsentiert werden, stellt, je bewusster er die ihnen innewohnenden Spannungen balanciert und dadurch immer wieder aufs Neue auflöst, desto ausgeglichener bewegt er sich durchs Leben.

Doch trotz aller Lösungsversuche ist man auch, was man ist – das eigene So-Sein anzunehmen scheint ebenso wichtig, wie sich immer wieder für Veränderung und Entfaltung zu öffnen. Die sechs Charaktertypen sind eben nicht nur existentielle Haltungen der Welt gegenüber, sondern dienen auch dazu, emotionale Sicherheit herzustellen. Der Narzisst gewinnt Stabilität durch Bestätigung, der Schizoide durch Abgrenzung, der Depressive durch Abhängigkeit. Der Zwanghafte festigt sich durch Kontrolle, der Phobiker durch Vermeidung und der Hysteriker durch Bewunderung. All diesen Strategien liegt erlittenes Leid zu Grunde; es gibt wahrscheinlich so viele Formen mangelnder Fürsorge, wie es Menschen gibt – ob Vernachlässigung oder Überbehütung, ob Überforderung oder Missachtung, ob reale oder symbolische Gewalt.

Charakterstrukturen reagieren auf diese emotionalen Missstände; sie entstehen, um sich vor weiterem Schmerz zu schützen. Dass sie dabei irgendwann verursachen, was sie doch verhindern wollten, dass der Panzer zum Gefängnis wird, und der Beschützte zu seinem eigenen Wärter, zeugt von den Schwierigkeiten, die es mit sich bringt, ein Mensch zu sein. Und zugleich ist es ganz einfach: Werde, der Du bist, sagt Kierkegaard. Doch wie?

Wenn man seinem existentialistischen Denken folgt, ist der Mensch immer schon an die Umstände, in denen er aufwächst, gebunden, muss die Welt, in ihrem willkürlichen So-Sein erst angenommen und verinnerlicht werden, bevor man sie hinterfragen oder gar neu gestalten kann. Es geht also nicht darum, nach einer verlorenen Unschuld oder Ganzheit zu suchen – die gibt es nämlich so gar nicht. Stattdessen ist der Mensch sich selbst aufgegeben, entfaltet sich sein Leben unter dem Horizont einer zugleich offenen und absehbaren Zukunft. Ganz zu werden, heil, konkret, wie Kierkegaard es nennt, ist ein Prozess, eine Annäherung; Ergebnis eines immer wieder bewusst gelebten und gewählten Verhältnisses zu sich selbst. Dabei geht es vor allem um die Wieder-Aneignung des Fremdgewordenen, ob das verdrängte Triebimpulse oder unterdrückte Gefühle betrifft oder sich schlicht in einem wachsenden Vertrauen in die eigene Urteilskraft äußert.

Für sich zu leben und nicht durch Andere, Macht über sich zu haben, statt sie einfach nur auszuüben, und seinen Wert aus sich selbst zu schöpfen, anstatt ihn an den Zuspruch der Anderen zu hängen, macht die Welt, in die wir geworfen werden und der wir am Anfang unsers Lebens hilflos ausgeliefert waren, Stück für Stück zu unserer eigenen. Doch zugleich begreifen wir, dass wir sie nicht allein bewohnen und dass wir einander tatsächlich verstehen können – dass unser Gegenüber ebenso leidet und hofft wie wir selbst.

Aus dem Mut, von sich selbst wissen zu wollen, entspringen Erkenntnis und neue Entwicklungsmöglichkeiten. Zugleich entstehen neue Bezüge zum Anderen, und damit die Möglichkeit von mehr Verständnis, Toleranz und Mitgefühl.

LITERATUR

American Psychiatric Association (2013): *Diagnostic and Statistic Manual of Mental Disorders*, Fifth Edition – Revisited (DSM-V-R). American Psychiatric Publishing: Arlington

Balint, Michael (1959): *Angstlust und Regression.* 8. Aufl. 2014. Stuttgart: Klett-Cotta

von Franz, Marie-Luise (1971): *Zur Typologie C. G. Jungs. Die inferiore und die Fühlfunktion.* 1. Aufl. 1992. Stuttgart: Bonz Adolf

Gall, Franz Joseph (1791): *Philosophisch-medizinische Untersuchungen über Natur und Kunst im kranken und gesunden Zustand des Menschen.* Wien: Gräffer

Han, Byung-Chul (2010): *Müdigkeitsgesellschaft.* 1. Aufl. 2010. Berlin: Matthes & Seitz

Heidegger, M. (1924): *Sein und Zeit.* 19. Aufl. 2006. Tübingen: Niemeyer

Illouz, Eva (2012): *Warum Liebe weh tut: Eine soziologische Erklärung.* 1. Aufl. 2012. Berlin: Suhrkamp

Jung, C.G. (1928): *Typologie.* 3. Aufl. 1997. München: dtv

Kernberg. Otto F. (2004): *Narzissmus, Aggression und Selbstzerstörung.* 2. Aufl. 2009. Stuttgart: Klett-Cotta

Kierkegaard, S. (1844): *Der Begriff Angst.* 3. Aufl. 2002. Stuttgart: Reclam

Kierkegaard, S. (1843): *Furcht und Zittern.* 1. Aufl. 2002. Gütersloh: Gütersloher Verlagshaus

König, K. (1992): *Kleine psychoanalytische Charakterkunde*. 10. Aufl. 2010. Göttingen: Vandenhoeck & Ruprecht

Leary, Timothy (1987): *Info-Psychologie*. Dt. Ausgabe 2005. Sencelles: Phänomen-Verlag

Oldham, J. M. & L. B. Morris (2010): *Ihr Persönlichkeitsportrait. Warum Sie genauso denken, lieben und sich verhalten wie Sie es tun*. 6. Aufl. 2010. Magdeburg: Klotz

Riemann, F. (1975): *Grundformen der Angst*. 41. Aufl. 2013. München: Reinhardt

Sachse, Rainer (2014): *Persönlichkeitsstörungen verstehen. Zum Umgang mit schwierigen Klienten*. 10. Aufl. 2010. Köln: Psychiatrie Verlag

Saum-Aldehoff, Thomas (2007): *Big Five. Sich selbst und andere erkennen*. 3. Aufl. 2015. Düsseldorf: Patmos

Schmid, W. (2014): *Gelassenheit. Was wir gewinnen, wenn wir älter werden*. 1. Aufl. 2014. Berlin: Insel

DANKSAGUNG

Ich danke Michael Zöllner, Christine Treml-Begemann, Thomas Hölzl, Benedict Wells, Eric Hahn und Monica Lehner für gute Zusammenarbeit und bereichernde Kritik. Mein besonderer Dank gilt meinem Vater Richard, der mir vor vielen Jahren Fritz Riemanns *Grundformen der Angst* in die Hand gedrückt hat.

www.klett-cotta.de

Fritz Riemann
Lebenshilfe Astrologie
Gedanken und Erfahrungen

225 Seiten, broschiert. ISBN 978-3-608-94657-4

Der bekannte Psychoanalytiker Fritz Riemann legt hier seine Erfahrungen mit einer verantwortlichen astrologischen Beratung vor.

Die sinnvolle Anwendung der astrologischen Deutung sieht Fritz Riemann in der Hilfe für das Selbst- und Fremdverständnis, im Aufzeigen von Anlagen, Möglichkeiten und Gefahren, mit denen der Mensch sich auseinandersetzen muss – keinesfalls aber in (fatalistischen) Voraussagen von »Glück« oder »Unglück«.

In klarer Abgrenzung von einer prognostisch festlegenden Astrologie werden die Einschränkungen aufgezeigt, denen die Horoskopdeutung unterliegt. Fesselnd ist die Verbindung von psychoanalytischen und astrologischen Konzepten, die Darstellung des symbolischen, vom naturwissenschaftlichen unterschiedenen Denkens der Astrologie.

www.tropen.de

Ariadne von Schirach
Die psychotische Gesellschaft
Wie wir Angst und Ohnmacht überwinden
260 Seiten, gebunden. ISBN 978-3-608-50233-6

Man könnte meinen, die Welt wäre verrückt geworden. Was ist, wenn das tatsächlich stimmt?

Angesichts einer immer verrückter werdenden Gegenwart ist es an der Zeit, uns wieder an unsere Würde, unsere Träume und unsere Verantwortung für unser eigenes und gemeinsames Leben zu erinnern. »Die psychotische Gesellschaft« ist eine hellsichtige Analyse unserer ökonomisierten Gesellschaft und zugleich ein leidenschaftliches Plädoyer für einen anderen Umgang mit Natur, Menschsein und Liebe.

Selbstmordattentäter, Geflüchtete und populistische Präsidenten. Und dann spielt auch noch das Klima verrückt. Dieser krisenhafte Zustand hat viele Gründe. Die Ökonomisierung der Welt hat sich im 21. Jahrhundert fast vollendet. Sie betrifft schon lange nicht mehr nur das Sichtbare, sondern reicht tief in das Unsichtbare hinein: in das Soziale, in den Umgang mit uns selbst, den anderen und der Welt.

www.tropen.de

Ariadne von Schirach
Glücksversuche
Von der Kunst, mit seiner Seele zu sprechen
288 Seiten, gebunden. ISBN 978-3-608-50481-1

Eine Einladung, mit der Rettung der Welt bei sich selbst zu beginnen.

Wie komme ich mir selbst und damit auch meinem Glück ein wenig näher?

Dieses Buch von Ariadne von Schirach ist ein ebenso kluger wie humorvoller Kompass für antike und aktuelle Glücksvorstellungen. In 80 Selbstversuchen zeigt sie Wege auf, die innere Stimme hörbar zu machen. Erkenntnisse aus Evolutionsbiologie und Psychologie spielen dabei ebenso eine Rolle wie die griechischen Philosophen.

Aber dürfen wir in Zeiten wie diesen überhaupt nach Glück streben? Darf ich mich um mein eigenes Wohlbefinden kümmern, wenn gleichzeitig so viele Menschen überall auf der Welt um ihr Leben, ihre Rechte oder um Anerkennung kämpfen müssen? Ja, denn das Glück, um das es in diesem Buch geht, meint weder Selbstoptimierung noch Positive Psychologie.